D1646933

Les Hics de la mécanique
3e édition

Conception - production: Marcil Communication

Dessins: Diane Beaulieu, Carole Boisvert, Shimano U.S.A.

Photos: Jean Marc Amyot, Robert Gagnon, Bertrand Paquette

Page Couverture: Les Éditions Tricycle

Collaboration: Michel Labrecque, Jean-François Pronovost, Louise Roy

Montage et impression: Les ateliers graphiques Marc Veilleux inc.

Suzanne Lareau
Yves Pilon

DEUXIÈME ÉDITION

TABLE DES MATIÈRES

PRÉFACE

Depuis sa première édition, en 1985, Les Hics de la mécanique en a dépanné plus d'un. Les trois impressions de la première édition et les quelques 8 000 exemplaires tirées des presses depuis les débuts font de ce petit guide un véritable succès de librairie, un *must* pour tout cycliste en quête d'un peu plus d'autonomie mécanique!

Quelques tours de clé à molette plus loin et sans trop de crevaisons, l'auteure de la première heure, Suzanne Lareau, est maintenant passée à la tête du plus grand rassemblement cycliste au monde, Le Tour de l'Ile de Montréal. Le sens de l'organisation et de l'autonomie que Suzanne a voulu transmettre aux lecteurs des *Hics* lui sert maintenant pour rassembler tous les bons éléments nécessaires à la production de cet événement grandiose.

Cette nouvelle édition des *Hics de la mécanique* fait appel à un autre collaborateur d'expérience, Yves Pilon. Bien connu pour ses collaborations au Vélo Mag et notamment sa participation à l'étude annuelle du marché de la bicyclette, Yves s'est vu confier la révision de la présente édition. Son expertise s'ajoute donc à celle de Suzanne Lareau et vient adapter le contenu des *Hics* aux plus récentes technologies, particulièrement avec la place qu'occupent maintenant les nouveaux systèmes de vitesses indexés.

Enfin, nous vous offrons encore les *Hics* dans un format pratique, pour que vous puissiez bricoler facilement à la maison ou que vous le preniez avec vous lors de vos sorties.

Bonne mécanique!

Jean-François Pronovost
Vélo Québec

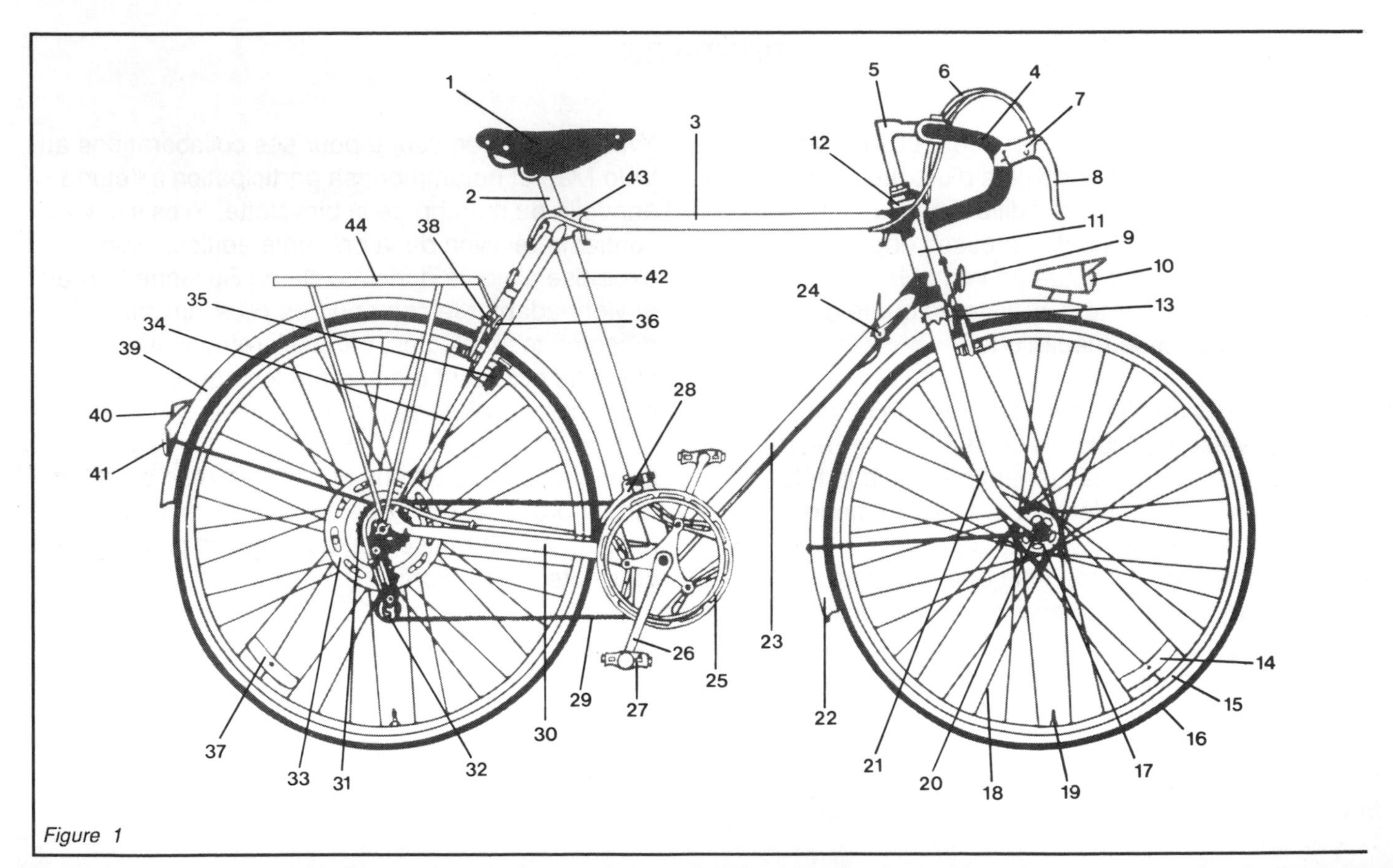
5
6
4
1
7
3
12
43
8
2
44
38
11
9
10
42
24
13
35
36
34
39
28
40
41
26
23
25
14
29
27
22
15
30
16
37
21
17
33
31
32
20
18
19

Figure 1

COMPOSANTES DU VÉLO

1. selle
2. poteau
3. tube selle-direction ou horizontal
4. guidon
5. potence
6. gaine de câble
7. cocotte de frein
8. manette de frein
9. réflecteur avant (blanc)
10. phare avant blanc
11. tube de direction
12. jeu de direction
13. frein avant
14. réflecteur roue avant (jaune)
15. jante
16. pneu
17. flasque du moyeu avant
18. rayon
19. valve
20. système de fixation de la roue
21. fourreau de fourche
22. garde-boue avant
23. tube pédalier-direction ou diagonal
24. manette de dérailleurs
25. plateau
26. manivelle
27. pédale avec réflecteurs (jaunes)
28. dérailleur avant
29. chaîne
30. base
31. roue libre
32. dérailleur arrière
33. protecteur de rayon
34. hauban
35. dynamo
36. entretoise
37. réflecteur roue arrière (rouge)
38. frein arrière
39. garde-boue arrière
40. réflecteur arrière (rouge)
41. phare arrière rouge
42. tube selle-pédale ou vertical
43. raccord
44. porte-bagages arrière

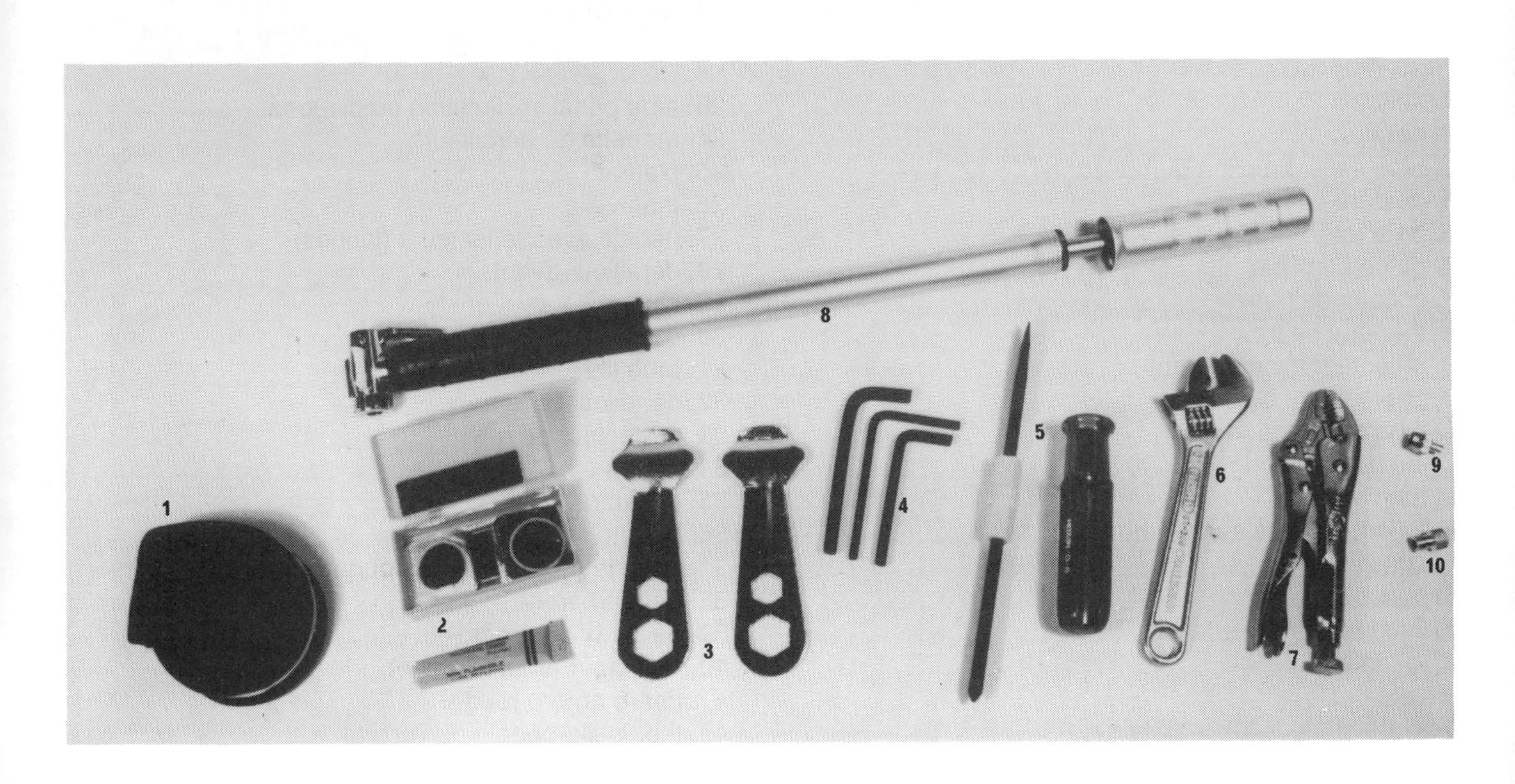

Figure 2

TROUSSE D'OUTILS

Quel véhicule peut être remis sur roues en moins de deux avec seulement 2 kilos d'outils et d'accessoires mécaniques, vous assurant ainsi une indépendance certaine? Le vélo, bien sûr! Cependant, cet attirail s'étudie et se prépare consciencieusement afin d'éviter de vilaines surprises.

À retenir:

- Acheter des outils de qualité, c'est un investissement à long terme.
- Choisir des outils aux dimensions réduites si vous comptez les transporter lors de randonnées d'une journée et plus.

TROUSSE MÉCANIQUE DE BASE (figure 2)

1. *chambre à air*
2. *nécessaire à réparation de crevaison (rustines, tube de colle, papier d'émeri)*
3. *deux clés à pneu*
4. *clés hexagonales (4-5-6 mm)*
5. *tournevis (étoile et plat)*
6. *clé à molette (15 cm)*
7. *pince-étau (13 cm)*
8. *pompe (adaptée au type de valves des chambres à* air)
9. serre-valve (bouchon)
10. *adaptateur presta*

OUTILS ET MATÉRIEL UTILE POUR LA RANDONNÉE DE PLUSIEURS JOURS (figure 3)

1. *dérive-chaîne*
2. *extracteur de roue libre (varie d'un type de roue libre à l'autre)*
3. *clé à rayons*
4. *deux clés à cônes (clé pour ajustement des moyeux)*
5. *extracteur de manivelle pour pédalier à emmanchement carré (la plupart des vélos sont équipés de ce type de pédalier)*
6. *câble de frein (assez long pour atteindre le frein arrière)*
7. *câble de dérailleur (assez long pour atteindre le dérailleur arrière)*
8. *six rayons de bonne longueur pour les roues avant et arrière*

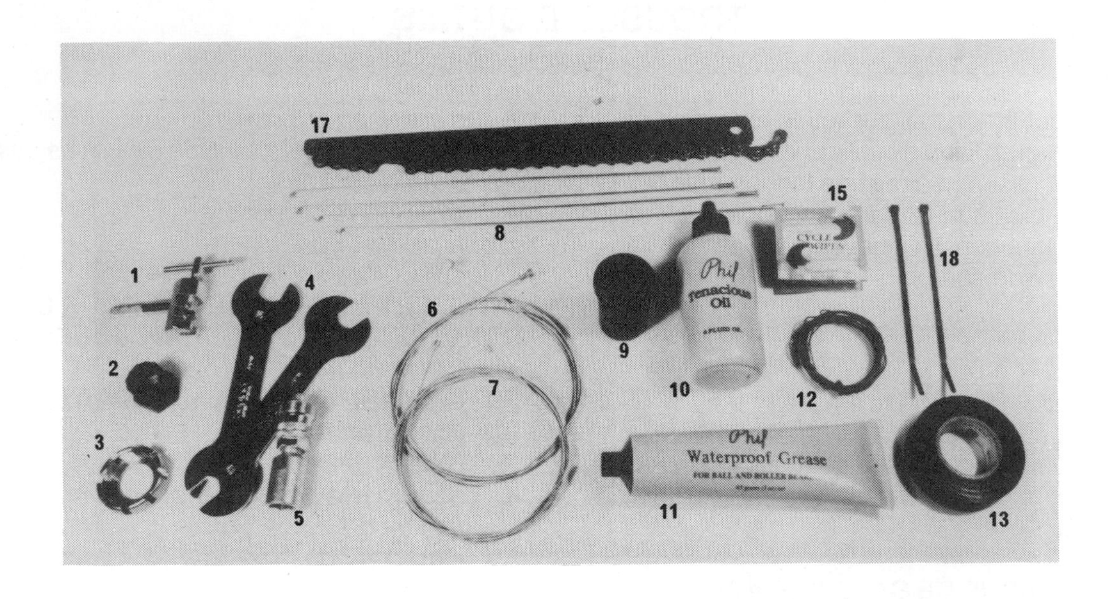

Figure 3

9. *boîte de vis et d'écrous*
10. *huile légère*
11. *graisse*
12. *broche métallique (1 m)*
13. *ruban adhésif (type électrique)*
14. *ficelle (quelques mètres)*
15. *nettoie-mains sans eau*
16. *chiffon*
17. *extracteur de pignons*
18. *attaches auto-bloquantes («tie rap»)*

OUTILS POUR L'ATELIER

1. *ensemble de clés de 8 à 15 mm*
2. *3e main ou pince tire-câble (4e main)*
3. *clé à molette (30 cm)*
4. *pince à mâchoire variable*
5. *ensemble de clés pour roulement de pédalier et jeu de direction*
6. *marteau et poinçon*

TRANSPORT DE LA TROUSSE EN RANDONNÉE

Si la seule lecture des listes précédentes vous effraie, retenez bien que pour une balade d'une journée ou de quelques jours, la trousse de base s'avère amplement suffisante. Par contre, si vous désirez entreprendre des voyages de quelques semaines, la liste d'outils et matériels utiles est à considérer sérieusement.

Une fois votre trousse constituée, rangez-la dans un étui résistant et imperméable, dans un endroit facile d'accès.

CONSEILS MÉCANIQUES

- Utiliser des outils selon la dimension des vis et des écrous de votre bicyclette. (Une grosse clé sur un petit écrou ou l'inverse ne font pas bon ménage!).
- Saisir les clés ou les pinces par leur extrémité afin d'avoir le plus grand bras de levier possible.
- Ne pas oublier que la plupart des vis et des écrous se serrent dans le sens des aiguilles d'une montre, à moins d'avis contraire. La pédale gauche du vélo représente l'exception puisqu'elle possède un filetage inversé.
- Lors de vos travaux mécaniques, sachez installer votre vélo pour pouvoir travailler de manière efficace. Si vous ne possédez pas d'accessoires pour l'accrocher ou le suspendre, il faut le retourner à l'envers en le laissant reposer sur le guidon et la selle. Glissez sous le guidon un bloc d'une hauteur de 5 cm pour empêcher les câbles de freins sortant des cocottes de se retrouver coincés au sol.

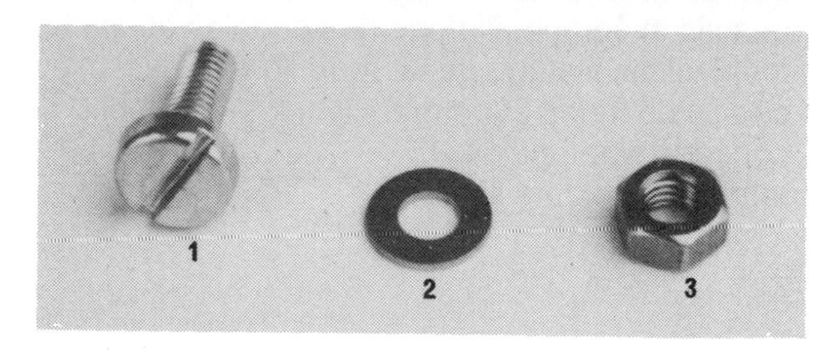

1- boulon ou vis   2 -rondelle ou espaceur   3-écrou

LUBRIFICATION DES COMPOSANTES DU VÉLO

Huile: On lubrifie avec de l'huile légère (huile à machine à coudre, huile de vaseline) ou de l'huile moyenne (huile «3 dans 1», huile à bicyclette) toutes les parties du vélo où il y a frottement ou friction:

- la chaîne
- les points d'articulation des mâchoires de freins
- les points d'articulation des dérailleurs avant et arrière.

Graisse: On lubrifie avec de la graisse spécialement fabriquée pour les vélos:

- les roulements à billes: moyeux, axe de pédalier, jeu de direction (insertion de la fourche dans le cadre), pédales;
- certaines parties du vélo sujettes à la corrosion: tige de selle (partie insérée dans le cadre), filetage des vis et écrous, filetage des pédales et des manivelles, filetage de la roue libre et du moyeu;
- câbles de freins et de dérailleurs, là où il sont couverts d'une gaine;
- manettes de dérailleurs.

HAUTEUR DU CADRE - CONSEILS AVANT L'ACHAT

La hauteur du cadre est le point de départ essentiel pour tout ajustement subséquent. Pour trouver un vélo à sa taille, il suffit, pour un vélo à cadre triangulaire, de l'enfourcher et de s'assurer qu'il y ait de 1 à 2 cm entre le tube horizontal et l'entre-jambes en supposant, bien sûr, que la vérification soit faite avec souliers plats et les talons au sol. Dans le cas d'un cadre mixte (ou col de cygne), on choisit la hauteur en essayant d'abord un vélo à cadre triangulaire dont on note la hauteur qu'on transpose ensuite sur le modèle choisi. Sachez qu'un cadre trop grand, surtout un cadre triangulaire, est dangereux dans les manoeuvres d'arrêt et de départ.

Pour le vélo tout-terrain, le choix de la hauteur du cadre varie selon l'utilisation projetée. Si vous achetez un V.T.T. pour une utilisation exclusivement urbaine, choisissez-le comme il a été mentionné plus haut. Cependant, si l'utilisation est exclusivement hors route, choisissez un cadre plus petit. Enfourchez le vélo, les deux pieds au sol, le plus près possible de la potence. Vous devriez être en mesure de soulever la roue avant de 7 à 13 cm avant que le tube horizontal entre en contact avec l'entre-jambes. Si vous prévoyez une double utilisation (i.e. ville et montagne) chercher un compromis entre 2 et 7 cm.

AJUSTEMENTS DE BASE

Les ajustements de base sont les quelques opérations à faire sur le vélo afin de l'adapter à votre morphologie. L'ajustement de certaines composantes mobiles de la bicyclette est indispensable pour assurer confort, efficacité et sécurité.

Matériel nécessaire

- ❑ *clé à molette*
- ❑ *tournevis*
- ❑ *clés hexagonales*
- ❑ *ficelle*

ANGLE DE LA SELLE (figure 4)

La selle doit être parallèle au sol. Pour des raisons de confort, le bec de la selle peut être légèrement incliné vers le bas pour les femmes ou vers le haut pour les hommes. Cet ajustement s'effectue en desserrant l'écrou situé juste sous la selle.

HAUTEUR DE LA SELLE (figure 5)

Assis sur la selle, posez le talon sur la pédale que vous placez à son point le plus bas, c'est-à-dire quand la manivelle du pédalier est dans le prolongement du tube selle-pédalier. À ce moment, la jambe doit être bien tendue et aucune flexion ne devrait être possible. Afin de ne pas subir de déhanchement, l'autre pied doit être placé en position normale sur l'autre pédale pendant l'ajustement.

Cet ajustement s'effectue en desserrant l'écrou situé au niveau du raccord des tubes selle-pédalier et selle-direction. Une légère flexion de la jambe en position normale de pédalage indique un bon ajustement. (figure 6)

HAUTEUR DU GUIDON (figure 4)

Le guidon doit être à la même hauteur que la selle ou légèrement plus bas. On effectue cet ajustement en dévissant légèrement le boulon situé sur le dessus de la potence. Si elle ne se libère pas, frappez légèrement sur le boulon à l'aide d'un maillet (figure 7) puis modifiez la hauteur du guidon. Vous verrez, sur la potence comme sur la tige de selle, des lignes repères vous indiquant la hauteur limite à respecter.

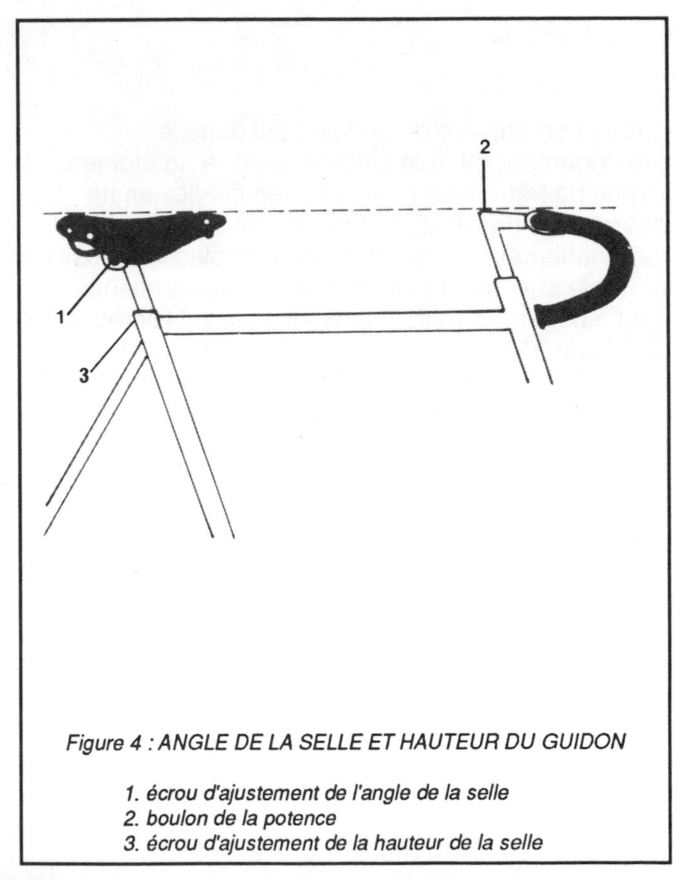

Figure 4 : ANGLE DE LA SELLE ET HAUTEUR DU GUIDON

1. *écrou d'ajustement de l'angle de la selle*
2. *boulon de la potence*
3. *écrou d'ajustement de la hauteur de la selle*

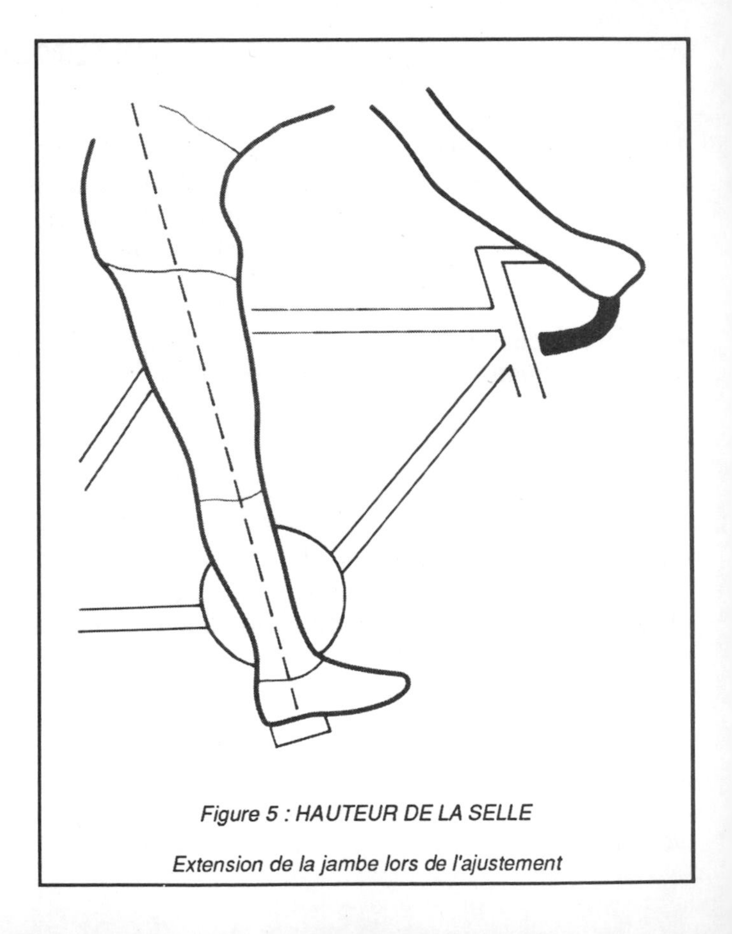

Figure 5 : HAUTEUR DE LA SELLE

Extension de la jambe lors de l'ajustement

ANGLE DU GUIDON (figure 8)

Le guidon doit former un angle de 15°. On vérifie cet angle à l'aide d'une baguette qu'on place le long de l'extrémité inférieure du guidon. Cette ligne doit former un angle de 15° avec le sol. On effectue cet ajustement en dévissant légèrement l'écrou situé à la jonction de la potence et du guidon. (figure 8)

HAUTEUR DES MANETTES DE FREINS (figure 8)

Les manettes de freins sont fixées au guidon par une bague métallique et leur hauteur est facilement réglable. Cet ajustement, comme le précédent, procure une position confortable et un accès facile aux manettes de freins, indépendamment de la position des mains sur le guidon. On vérifie la hauteur des manettes de freins à l'aide d'une baguette placée le long de l'extrémité inférieure du guidon. Le bas de la manette de frein doit toucher la ligne réalisée à l'aide de la baguette ou être placé un peu plus bas que cette ligne. On effectue cet ajustement en dévissant la vis située au creux de la manette de frein, visible quand on actionne cette manette (figure 57). Pour une modification majeure de la hauteur des manettes de freins, il est nécessaire de dérouler la guidoline ou de retirer la vélomousse.

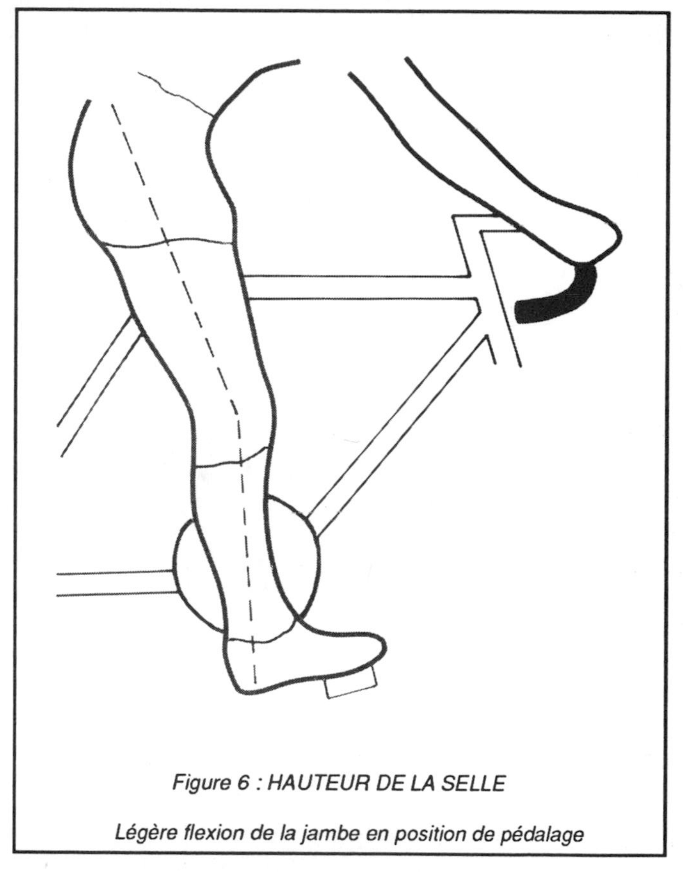

Figure 6 : HAUTEUR DE LA SELLE

Légère flexion de la jambe en position de pédalage

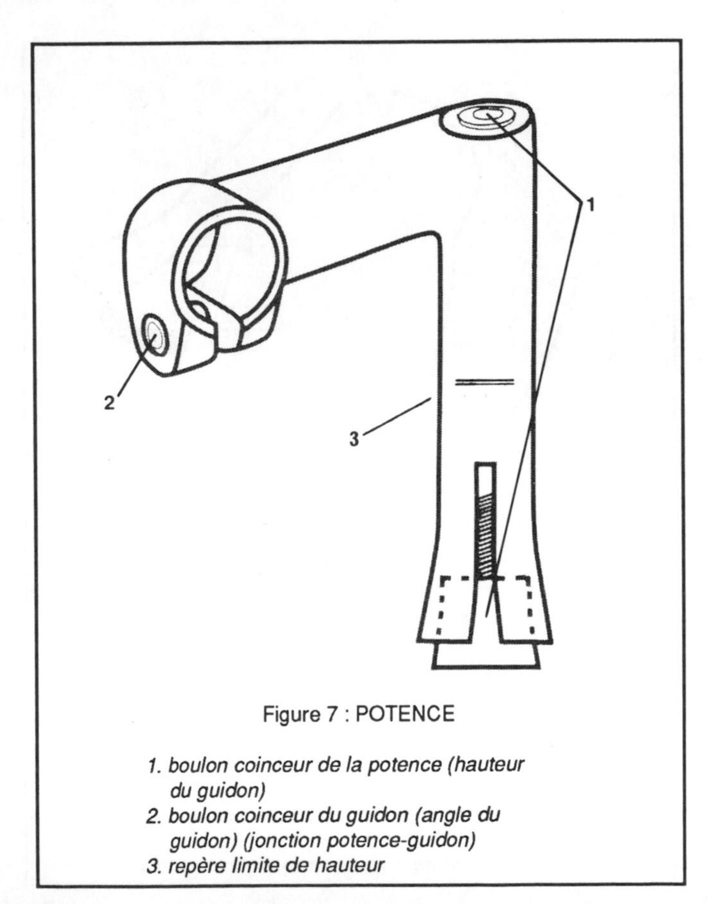

Figure 7 : POTENCE

1. boulon coinceur de la potence (hauteur du guidon)
2. boulon coinceur du guidon (angle du guidon) (jonction potence-guidon)
3. repère limite de hauteur

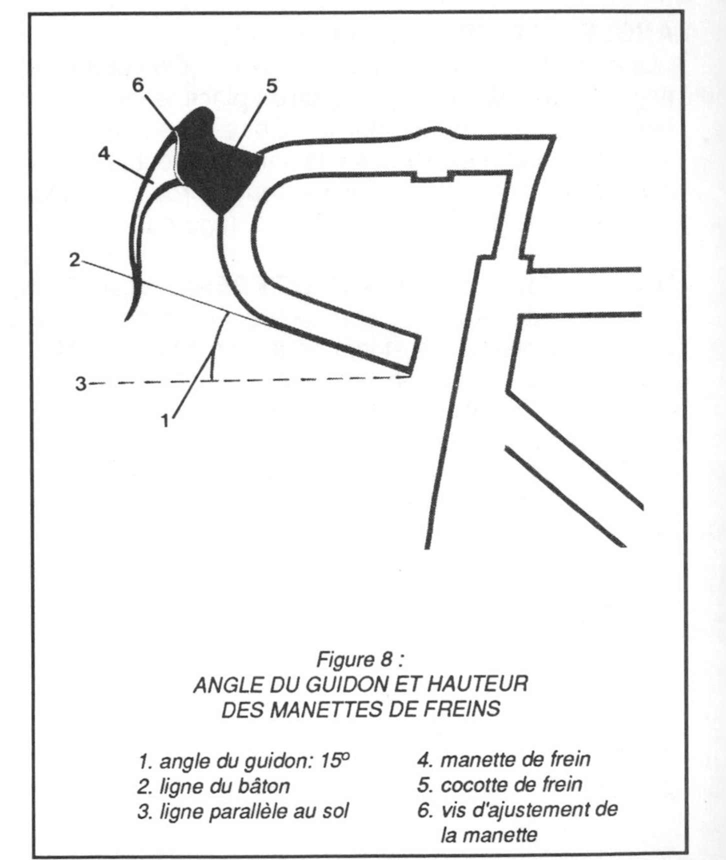

Figure 8 :
ANGLE DU GUIDON ET HAUTEUR DES MANETTES DE FREINS

1. angle du guidon: 15°
2. ligne du bâton
3. ligne parallèle au sol
4. manette de frein
5. cocotte de frein
6. vis d'ajustement de la manette

DÉPLACEMENT HORIZONTAL DE LA SELLE

(figure 9)

Vous asseoir sur la selle, les pieds en position normale sur les pédales ou dans les cale-pied (s'il y a lieu). Placez les manivelles parfaitement horizontales et faites descendre un fil à plomb (une corde avec un poids au bout) depuis le derrière de la rotule jusqu'à la pédale. La position optimale est déterminée lorsque la corde descendant du genou passe par l'axe (le centre de rotation) de la pédale. En cas de mauvaise position, on effectue l'ajustement en desserrant l'écrou situé sous la selle (le même que pour l'ajustement de l'angle de la selle) et on fait coulisser celle-ci vers l'avant ou l'arrière selon le besoin. Théoriquement ces réglages devraient vous assurer une bonne position sur le vélo, c'est-à-dire qu'en étant assis, les mains placées sur le coude supérieur du guidon, le tronc et les bras devraient former un angle de 90°.(figure 10). En cas d'écart important par rapport à cet angle, il s'agit de changer la potence.

Cette pièce relie le cintre au cadre et est disponible sur le marché en plusieurs longueurs (5 à 14 cm) et à des prix abordables. L'installation d'une nouvelle potence, mieux adaptée à vos besoins, complétera la série d'ajustements de base.

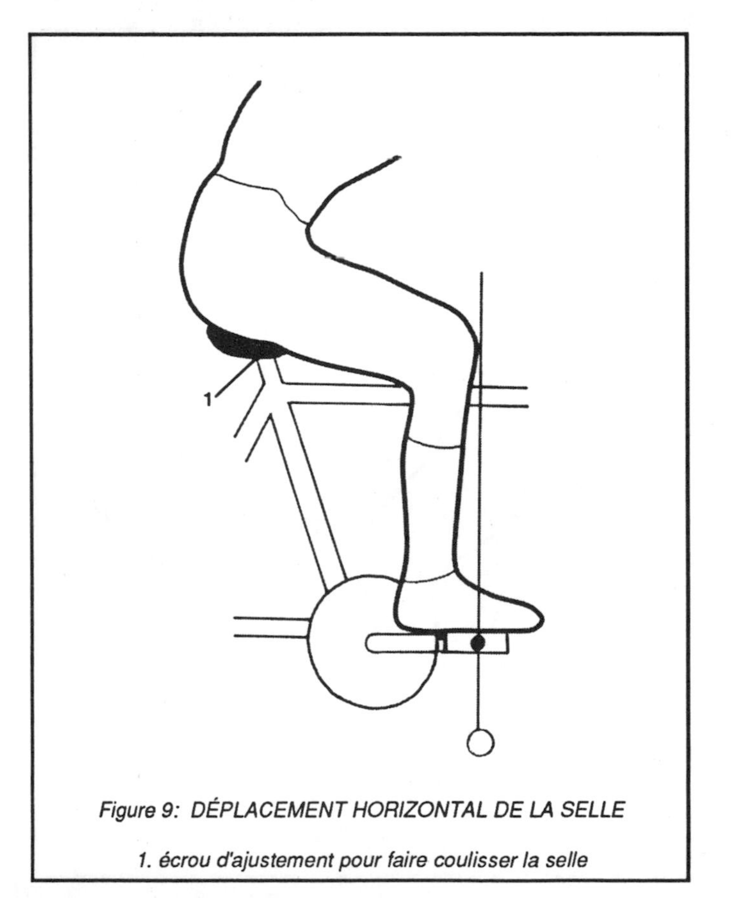

Figure 9: DÉPLACEMENT HORIZONTAL DE LA SELLE

1. écrou d'ajustement pour faire coulisser la selle

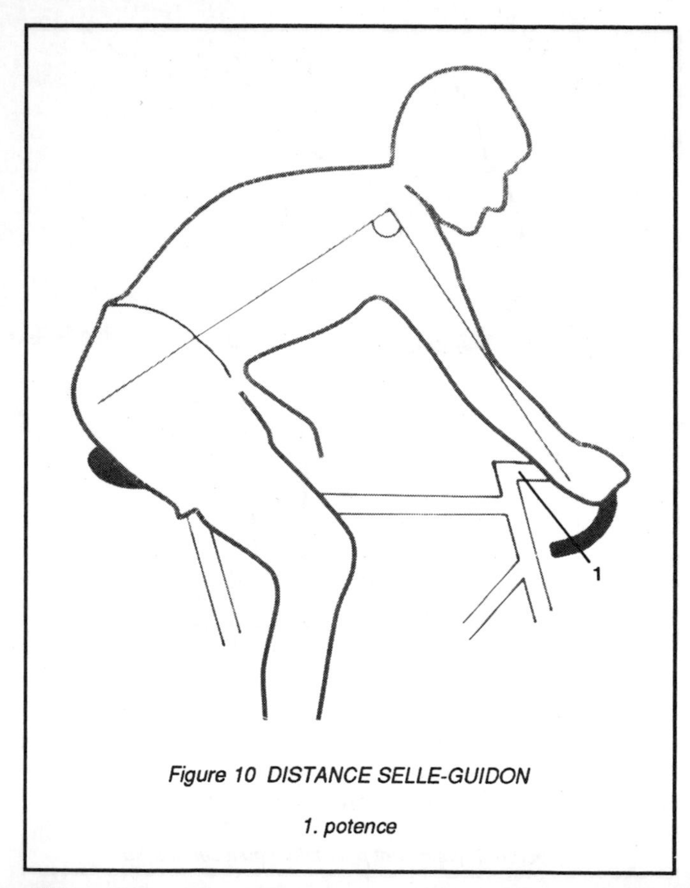

Figure 10 DISTANCE SELLE-GUIDON

1. potence

VITESSES

Sur un vélo, la gamme de vitesses permet d'affronter les diverses conditions topographiques et climatiques. C'est pourquoi on trouve de 10 à 21 vitesses sur plusieurs modèles de vélos, afin de pouvoir grimper plus facilement des côtes même longues et abruptes. Les vitesses sont aussi indispensables pour lutter contre un vent de face, profiter d'un vent de dos ou faciliter les déplacements avec un vélo lourdement chargé. Si les vitesses restent encore un mystère pour plusieurs, elles sont quand même l'élément clé du choix d'un vélo.

Si vous utilisez le vélo principalement en milieu urbain ou en terrain plat, 6 vitesses devraient suffire. Par contre, si les longues distances, les paysages montagneux ou encore le hors-route vous attire, votre choix devrait porter sur un vélo à 12 ou 21 vitesses. Si les vélos de 1 à 6 vitesses occasionnent peu de problèmes en matière de vitesses, les vélos de 10 vitesses et plus sont plus complexes dans leur fonctionnement.

LES DÉVELOPPEMENTS

Le développement représente, en mètres, la distance parcourue au sol pour un tour complet de manivelle. Il est important de connaître le développement de chacune des vitesses pour les classer par ordre croissant. On peut alors les utiliser de façon graduée selon la difficulté du terrain et les conditions du vent.

Pour calculer les développements

$$\frac{\text{nb de dents du plateau}}{\text{nb de dents du pignon}} \times \text{circonférence de la roue}$$

Circonférence de la roue =
2,14 m pour la roue de 27 pouces
2,10 m pour la roue de 700 mm

Cependant, il existe une table qui simplifie ce calcul (tableau 1). Il faut compter le nombre de dents de chacun des plateaux à l'avant et de chacun des pignons à l'arrière. Prenons un exemple: calculez le développement lorsque la chaîne se trouve sur le plateau de 42 dents à l'avant et sur le pignon de 20 dents à l'arrière.

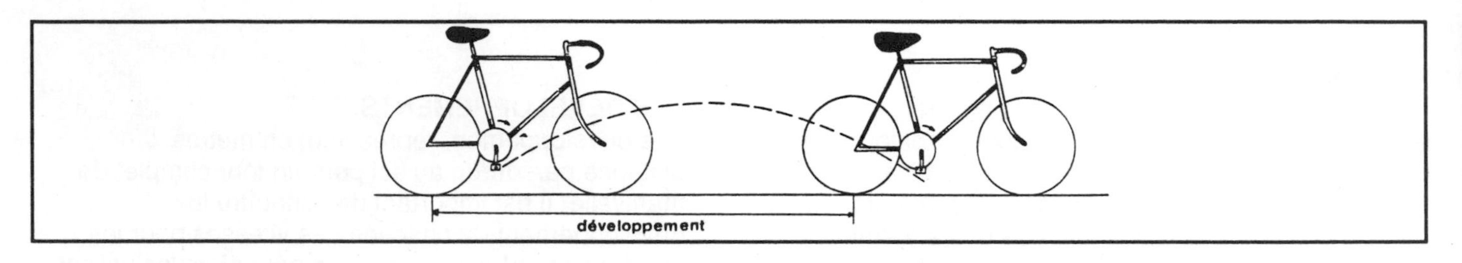

Selon la formule:

$$\text{développement} = \frac{42 \text{ dents}}{20 \text{ dents}} \times 2{,}14 = 4{,}49 \text{ mètres}$$

Selon la table des développements (tableau 1):

Suivre la colonne des plateaux jusqu'au chiffre 42, tracer une ligne verticale pour indiquer la colonne se rattachant à 42 dents. Faire de même avec la colonne des pignons, s'arrêter au chiffre 20 et tracer une ligne horizontale le long de cette colonne. Le point de rencontre de ces deux colonnes indique le développement 4,49 mètres.

BRAQUET

Le terme «braquet» utilisé par les Européens est le rapport entre le plateau et le pignon. Ainsi dans l'exemple précédent, le rapport 42 dents/20 dents, plus couramment exprimé sous la forme 42-20, est le braquet utilisé.

UTILISATION DES VITESSES

Il est très simple de se servir des vitesses d'un vélo qui n'en a pas plus que 6.

- Pour les vélos à 3 vitesses, la sélection des vitesses va de la première, la plus facile, à la troisième, la plus difficile. Elles sont actionnées par une manette située sur le guidon.
- Pour les vélos à 5 ou à 6 vitesses, l'utilisation des vitesses est relativement simple. Ce type de vélo possède un seul dérailleur situé à l'arrière qui déplace la chaîne sur les 5 ou 6 pignons de la roue libre. Le classement des vitesses par ordre croissant est donc facile. La vitesse la plus facile correspond à la position de la chaîne sur le plus

grand pignon et la vitesse la plus difficile correspond à la position de la chaîne sur le plus petit pignon. Le calcul des développements pour les vélos à 5 ou à 6 vitesses n'est utile que pour connaître la distance parcourue par révolution et non pour le classement des vitesses comme c'est le cas pour les 10 vitesses et plus.

- Pour les vélos à 10 vitesses et plus, le calcul des développements est essentiel pour le classement des vitesses (tableau II). Après le calcul, on doit aligner les développements: le plus petit développement - nombre de mètres - est la vitesse la plus petite, la plus facile à pédaler alors que la plus grande vitesse ou le plus grand développement, est la vitesse la plus difficile. Ainsi classés, les développements se révéleront utiles pour changer de vitesse de façon régulière selon la condition du terrain. Dans le but de retenir ce classement sur la route, on note sur un papier les développements avec les braquets correspondants et on colle cet aide-mémoire (voir aide-mémoire en annexe) sur le guidon ou sur le tube horizontal.

Pour se retrouver dans toute cette batterie de chiffres, voici quelques points de repère utiles. Le développement de base est la vitesse la plus couramment utilisée sur un terrain plat. Ce développement de base devrait osciller entre 4 m et 5,50 m, selon votre force musculaire et votre condition physique. Ensuite, les développements de 5,50 m et plus sont utilisés dans les descentes, les faux-plats descendants et les vents de dos. Les développements de moins de 4 mètres sont utilisés en montée sur les faux-plats montants et contre les vents de face. Sur un vélo de tourisme, les développements devraient s'échelonner à partir de 2,50 m jusqu'à 8 m. Sur un vélo tout-terrain (roues de 26"), on cherchera un développement s'étalant de 2 m ou moins à environ 7 m.

Notez aussi que sur les vélos à 10 vitesses et plus, certaines vitesses sont à éviter. Lorsque la chaîne se retrouve sur le gros plateau et le gros pignon ou sur le petit plateau et le petit pignon, elle subit une torsion latérale qui peut endommager le système de transmission.

Le dernier élément pour en terminer avec les vitesses est le rythme de pédalage. C'est ainsi que la notion de développement doit se jumeler avec une cadence régulière de pédalage se situant entre 65 et 85 révolutions/minute (tours de manivelle). Le cycliste doit changer de vitesse afin de respecter ce rythme, indépendamment de la topographie ou des conditions météorologiques.

LES DÉVELOPPEMENTS (pour des roues de 27 pouces)

	24	26	28	30	31	32	33	34	35	36	37	38	39	40	41	42	43	44	45	46	47	48	49	50	51	52	53	54	55	
11	4,67	5,06	5,45	5,84	6,03	6,23	6,42	6,61	6,81	7,00	7,20	7,39	7,59	7,78	7,98	8,17	8,37	8,56	8,75	8,95	9,14	9,34	9,53	9,73	9,92	10,12	10,31	10,51	10,70	11
12	4,28	4,64	4,99	5,35	5,53	5,71	5,89	6,06	6,24	6,42	6,60	6,78	6,96	7,13	7,31	7,49	7,67	7,85	8,03	8,20	8,38	8,56	8,74	8,92	9,10	9,27	9,45	9,63	9,81	12
13	3,95	4,28	4,61	4,94	5,10	5,27	5,43	5,60	5,76	5,93	6,09	6,26	6,42	6,58	6,75	6,91	7,08	7,24	7,41	7,57	7,74	7,90	8,07	8,23	8,40	8,56	8,72	8,89	9,05	13
14	3,67	3,97	4,28	4,59	4,74	4,89	5,04	5,20	5,35	5,50	5,66	5,81	5,96	6,11	6,27	6,42	6,57	6,73	6,88	7,03	7,18	7,34	7,49	7,64	7,80	7,95	8,10	8,25	8,41	14
15	3,42	3,71	3,99	4,28	4,42	4,57	4,71	4,85	4,99	5,14	5,28	5,42	5,56	5,71	5,85	5,99	6,13	6,28	6,42	6,56	6,71	6,85	6,99	7,13	7,28	7,42	7,56	7,70	7,85	15
16	3,21	3,48	3,75	4,01	4,15	4,28	4,41	4,55	4,68	4,82	4,95	5,08	5,22	5,35	5,48	5,62	5,75	5,89	6,02	6,15	6,29	6,42	6,55	6,69	6,82	6,96	7,09	7,22	7,36	16
17	3,02	3,27	3,52	3,78	3,90	4,03	4,15	4,28	4,41	4,53	4,66	4,78	4,91	5,04	5,16	5,29	5,41	5,54	5,66	5,79	5,92	6,04	6,17	6,29	6,42	6,55	6,67	6,80	6,92	17
18	2,85	3,09	3,33	3,57	3,69	3,80	3,92	4,04	4,16	4,28	4,40	4,52	4,64	4,76	4,87	4,99	5,11	5,23	5,35	5,47	5,59	5,71	5,83	5,94	6,06	6,18	6,30	6,42	6,54	18
19	2,70	2,93	3,15	3,38	3,49	3,60	3,72	3,83	3,94	4,05	4,17	4,28	4,39	4,51	4,62	4,73	4,84	4,96	5,07	5,18	5,29	5,41	5,52	5,63	5,74	5,86	5,97	6,08	6,19	19
20	2,57	2,78	3,00	3,21	3,32	3,42	3,53	3,64	3,75	3,85	3,96	4,07	4,17	4,28	4,39	4,49	4,60	4,71	4,82	4,92	5,03	5,14	5,24	5,35	5,46	5,56	5,67	5,78	5,89	20
21	2,45	2,65	2,85	3,06	3,16	3,26	3,36	3,46	3,57	3,67	3,77	3,87	3,97	4,08	4,18	4,28	4,38	4,48	4,59	4,69	4,79	4,89	4,99	5,10	5,20	5,30	5,40	5,50	5,60	21
22	2,33	2,53	2,72	2,92	3,02	3,11	3,21	3,31	3,40	3,50	3,60	3,70	3,79	3,89	3,99	4,09	4,18	4,28	4,38	4,47	4,57	4,67	4,77	4,86	4,96	5,06	5,16	5,25	5,35	22
23	2,23	2,42	2,61	2,79	2,88	2,98	3,07	3,16	3,26	3,35	3,44	3,54	3,63	3,72	3,81	3,91	4,00	4,09	4,19	4,28	4,37	4,47	4,56	4,65	4,75	4,84	4,93	5,02	5,12	23
24	2,14	2,32	2,50	2,68	2,76	2,85	2,94	3,03	3,12	3,21	3,30	3,39	3,48	3,57	3,66	3,75	3,83	3,92	4,01	4,10	4,19	4,28	4,37	4,46	4,55	4,64	4,73	4,82	4,90	24
25	2,05	2,23	2,40	2,57	2,65	2,74	2,82	2,91	3,00	3,08	3,17	3,25	3,34	3,42	3,51	3,60	3,68	3,77	3,85	3,94	4,02	4,11	4,19	4,28	4,37	4,45	4,54	4,62	4,71	25
26	1,98	2,14	2,30	2,47	2,55	2,63	2,72	2,80	2,88	2,96	3,05	3,13	3,21	3,29	3,37	3,46	3,54	3,62	3,70	3,79	3,87	3,95	4,03	4,12	4,20	4,28	4,36	4,44	4,53	26
27	1,90	2,06	2,22	2,38	2,46	2,54	2,62	2,69	2,77	2,85	2,93	3,01	3,09	3,17	3,25	3,33	3,41	3,49	3,57	3,65	3,73	3,80	3,88	3,96	4,04	4,12	4,20	4,28	4,36	27
28	1,83	1,99	2,14	2,29	2,37	2,45	2,52	2,60	2,68	2,75	2,83	2,90	2,98	3,06	3,13	3,21	3,29	3,36	3,44	3,52	3,59	3,67	3,75	3,82	3,90	3,97	4,05	4,13	4,20	28
29	1,77	1,92	2,07	2,21	2,29	2,36	2,44	2,51	2,58	2,66	2,73	2,80	2,88	2,95	3,03	3,10	3,17	3,25	3,32	3,39	3,47	3,54	3,62	3,69	3,76	3,84	3,91	3,98	4,06	29
30	1,71	1,85	2,00	2,14	2,21	2,28	2,35	2,43	2,50	2,57	2,64	2,71	2,78	2,85	2,92	3,00	3,07	3,14	3,21	3,28	3,35	3,42	3,50	3,57	3,64	3,71	3,78	3,85	3,92	30
31	1,66	1,79	1,93	2,07	2,14	2,21	2,28	2,35	2,42	2,49	2,55	2,62	2,69	2,76	2,83	2,90	2,97	3,04	3,11	3,18	3,24	3,31	3,38	3,45	3,52	3,59	3,66	3,73	3,80	31
32	1,61	1,74	1,87	2,01	2,07	2,14	2,21	2,27	2,34	2,41	2,47	2,54	2,61	2,68	2,74	2,81	2,88	2,94	3,01	3,08	3,14	3,21	3,28	3,34	3,41	3,48	3,54	3,61	3,68	32
34	1,51	1,64	1,76	1,89	1,95	2,01	2,08	2,14	2,20	2,27	2,33	2,39	2,45	2,52	2,58	2,64	2,71	2,77	2,83	2,90	2,96	3,02	3,08	3,15	3,21	3,27	3,34	3,40	3,46	34
36	1,43	1,55	1,66	1,78	1,84	1,90	1,96	2,02	2,08	2,14	2,20	2,26	2,32	2,38	2,44	2,50	2,56	2,62	2,68	2,73	2,79	2,85	2,91	2,97	3,03	3,09	3,15	3,21	3,27	36
38	1,35	1,46	1,58	1,69	1,75	1,80	1,86	1,91	1,97	2,03	2,08	2,14	2,20	2,25	2,31	2,37	2,42	2,48	2,53	2,59	2,65	2,70	2,76	2,82	2,87	2,93	2,98	3,04	3,10	38
	24	26	28	30	31	32	33	34	35	36	37	38	39	40	41	42	43	44	45	46	47	48	49	50	51	52	53	54	55	

TABLEAU 1

LES DÉVELOPPEMENTS (pour des roues de 700 millimètres)

	24	26	28	30	31	32	33	34	35	36	37	38	39	40	41	42	43	44	45	46	47	48	49	50	51	52	53	54	55	
11	4,58	4,96	5,35	5,73	5,92	6,11	6,30	6,49	6,68	6,87	7,06	7,25	7,45	7,64	7,83	8,02	8,21	8,40	8,59	8,78	8,97	9,16	9,35	9,55	9,74	9,93	10,12	10,31	10,50	11
12	4,20	4,55	4,90	5,25	5,43	5,60	5,78	5,95	6,13	6,30	6,48	6,65	6,83	7,00	7,18	7,35	7,53	7,70	7,88	8,05	8,23	8,40	8,58	8,75	8,93	9,10	9,28	9,45	9,63	12
13	3,88	4,20	4,52	4,85	5,01	5,17	5,33	5,49	5,65	5,82	5,98	6,14	6,30	6,46	6,62	6,78	6,95	7,11	7,27	7,43	7,59	7,75	7,92	8,08	8,24	8,40	8,56	8,72	8,88	13
14	3,60	3,90	4,20	4,50	4,65	4,80	4,95	5,10	5,25	5,40	5,55	5,70	5,85	6,00	6,15	6,30	6,45	6,60	6,75	6,90	7,05	7,20	7,35	7,50	7,65	7,80	7,95	8,10	8,25	14
15	3,36	3,64	3,92	4,20	4,34	4,48	4,62	4,76	4,90	5,04	5,18	5,32	5,46	5,60	5,74	5,88	6,02	6,16	6,30	6,44	6,58	6,72	6,86	7,00	7,14	7,28	7,42	7,56	7,70	15
16	3,15	3,41	3,68	3,94	4,07	4,20	4,33	4,46	4,59	4,73	4,86	4,99	5,12	5,25	5,38	5,51	5,64	5,78	5,91	6,04	6,17	6,30	6,43	6,56	6,69	6,83	6,96	7,09	7,22	16
17	2,96	3,21	3,46	3,71	3,83	3,95	4,08	4,20	4,32	4,45	4,57	4,69	4,82	4,94	5,06	5,19	5,31	5,44	5,56	5,68	5,81	5,93	6,05	6,18	6,30	6,42	6,55	6,67	6,79	17
18	2,80	3,03	3,27	3,50	3,62	3,73	3,85	3,97	4,08	4,20	4,32	4,43	4,55	4,67	4,78	4,90	5,02	5,13	5,25	5,37	5,48	5,60	5,72	5,83	5,95	6,07	6,18	6,30	6,42	18
19	2,65	2,87	3,09	3,32	3,43	3,54	3,65	3,76	3,87	3,98	4,09	4,20	4,31	4,42	4,53	4,64	4,75	4,86	4,97	5,08	5,19	5,31	5,42	5,53	5,64	5,75	5,86	5,97	6,08	19
20	2,52	2,73	2,94	3,15	3,26	3,36	3,47	3,57	3,68	3,78	3,89	3,99	4,10	4,20	4,31	4,41	4,52	4,62	4,73	4,83	4,94	5,04	5,15	5,25	5,36	5,46	5,57	5,67	5,78	20
21	2,40	2,60	2,80	3,00	3,10	3,20	3,30	3,40	3,50	3,60	3,70	3,80	3,90	4,00	4,10	4,20	4,30	4,40	4,50	4,60	4,70	4,80	4,90	5,00	5,10	5,20	5,30	5,40	5,50	21
22	2,29	2,48	2,67	2,86	2,96	3,05	3,15	3,25	3,34	3,44	3,53	3,63	3,72	3,82	3,91	4,01	4,10	4,20	4,30	4,39	4,49	4,58	4,68	4,77	4,87	4,96	5,06	5,15	5,25	22
23	2,19	2,37	2,56	2,74	2,83	2,92	3,01	3,10	3,20	3,29	3,38	3,47	3,56	3,65	3,74	3,83	3,93	4,02	4,11	4,20	4,29	4,38	4,47	4,57	4,66	4,75	4,84	4,93	5,02	23
24	2,10	2,28	2,45	2,63	2,71	2,80	2,89	2,98	3,06	3,15	3,24	3,33	3,41	3,50	3,59	3,68	3,76	3,85	3,94	4,03	4,11	4,20	4,29	4,38	4,46	4,55	4,64	4,73	4,81	24
25	2,02	2,18	2,35	2,52	2,60	2,69	2,77	2,86	2,94	3,02	3,11	3,19	3,28	3,36	3,44	3,53	3,61	3,70	3,78	3,86	3,95	4,03	4,12	4,20	4,28	4,37	4,45	4,54	4,62	25
26	1,94	2,10	2,26	2,42	2,50	2,58	2,67	2,75	2,83	2,91	2,99	3,07	3,15	3,23	3,31	3,39	3,47	3,55	3,63	3,72	3,80	3,88	3,96	4,04	4,12	4,20	4,28	4,36	4,44	26
27	1,87	2,02	2,18	2,33	2,41	2,49	2,57	2,64	2,72	2,80	2,88	2,96	3,03	3,11	3,19	3,27	3,34	3,42	3,50	3,58	3,66	3,73	3,81	3,89	3,97	4,04	4,12	4,20	4,28	27
28	1,80	1,95	2,10	2,25	2,33	2,40	2,48	2,55	2,63	2,70	2,78	2,85	2,93	3,00	3,08	3,15	3,23	3,30	3,38	3,45	3,53	3,60	3,68	3,75	3,83	3,90	3,98	4,05	4,13	28
29	1,74	1,88	2,03	2,17	2,24	2,32	2,39	2,46	2,53	2,61	2,68	2,75	2,82	2,90	2,97	3,04	3,11	3,19	3,26	3,33	3,40	3,48	3,55	3,62	3,69	3,77	3,84	3,91	3,98	29
30	1,68	1,82	1,96	2,10	2,17	2,24	2,31	2,38	2,45	2,52	2,59	2,66	2,73	2,80	2,87	2,94	3,01	3,08	3,15	3,22	3,29	3,36	3,43	3,50	3,57	3,64	3,71	3,78	3,85	30
31	1,63	1,76	1,90	2,03	2,10	2,17	2,24	2,30	2,37	2,44	2,51	2,57	2,64	2,71	2,78	2,85	2,91	2,98	3,05	3,12	3,18	3,25	3,32	3,39	3,45	3,52	3,59	3,66	3,73	31
32	1,58	1,71	1,84	1,97	2,03	2,10	2,17	2,23	2,30	2,36	2,43	2,49	2,56	2,63	2,69	2,76	2,82	2,89	2,95	3,02	3,08	3,15	3,22	3,28	3,35	3,41	3,48	3,54	3,61	32
34	1,48	1,61	1,73	1,85	1,91	1,98	2,04	2,10	2,16	2,22	2,29	2,35	2,41	2,47	2,53	2,59	2,66	2,72	2,78	2,84	2,90	2,96	3,03	3,09	3,15	3,21	3,27	3,34	3,40	34
36	1,40	1,52	1,63	1,75	1,81	1,87	1,93	1,98	2,04	2,10	2,16	2,22	2,28	2,33	2,39	2,45	2,51	2,57	2,63	2,68	2,74	2,80	2,86	2,92	2,98	3,03	3,09	3,15	3,21	36
38	1,33	1,44	1,55	1,66	1,71	1,77	1,82	1,88	1,93	1,99	2,04	2,10	2,16	2,21	2,27	2,32	2,38	2,43	2,49	2,54	2,60	2,65	2,71	2,76	2,82	2,87	2,93	2,98	3,04	38
	24	26	28	30	31	32	33	34	35	36	37	38	39	40	41	42	43	44	45	46	47	48	49	50	51	52	53	54	55	

TABLEAU 2

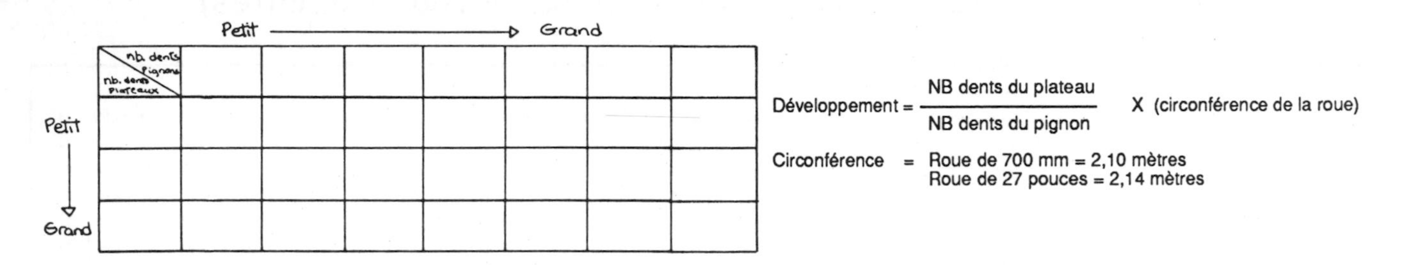

Petit → Grand

nb. dents pignons / nb. dents plateaux							
Petit							
↓							
Grand							

$$\text{Développement} = \frac{\text{NB dents du plateau}}{\text{NB dents du pignon}} \quad X \text{ (circonférence de la roue)}$$

Circonférence = Roue de 700 mm = 2,10 mètres
Roue de 27 pouces = 2,14 mètres

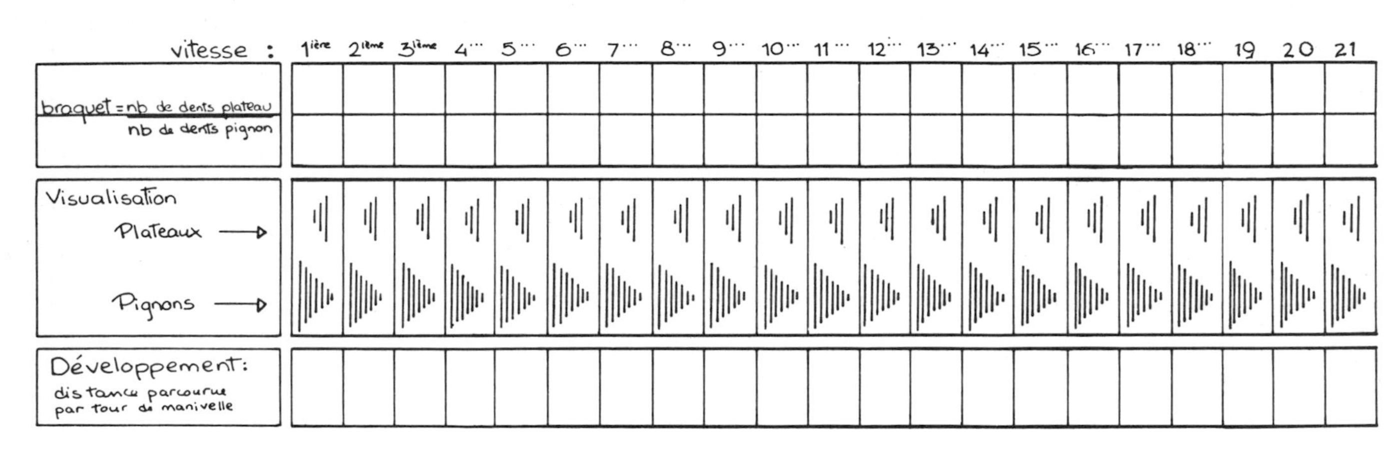

vitesse :	1ière	2ième	3ième	4...	5...	6...	7...	8...	9...	10...	11...	12...	13...	14...	15...	16...	17...	18...	19	20	21
braquet = nb de dents plateau / nb de dents pignon																					
Visualisation Plateaux → Pignons →																					
Développement: distance parcourue par tour de manivelle																					

TABLEAU 3

Petit → Grand (nb. dents pignons)

Petit ↓ Grand (nb. dents plateaux)

nb. dents plateaux \ nb. dents pignons	14	17	20	24	28	
30	~~4,59~~	3,78	3,21	2,67	2,29	
46	7,03	5,79	4,92	4,10	3,52	
50	7,64	6,29	5,35	4,46	~~3,82~~	

$$\text{Développement} = \frac{\text{NB dents du plateau}}{\text{NB dents du pignon}} \times \text{(circonférence de la roue)}$$

Circonférence = Roue de 700 mm = 2,10 mètres
Roue de 27 pouces = 2,14 mètres

Exemple : vélo à 15 vitesses

vitesse :	1ière	2ième	3ième	4...	5...	*6...	7...	8...	*9...	10...	11...	12...	13...	14...	15...	16...	17...	18...
braquet = nb de dents plateau	30	30	30	46	30	50	46	50	30	46	50	46	50	46	50			
nb de dents pignon	28	24	20	28	17	28	24	24	14	20	20	17	17	14	14			
Visualisation (Plateaux →, Pignons →)																		
Développement: distance parcourue par tour de manivelle	2,29	2,67	3,21	3,52	3,78	~~3,82~~	4,10	4,46	~~4,59~~	4,92	5,35	5,79	6,29	7,03	7,64			

TABLEAU 4 *Note: Évitez les braquets extrêmes (i.e. grand plateau-grand pignon ou petit plateau-petit pignon)*

ROUES

La jante constitue le squelette de la roue, reliée au moyeu (roulement) par des rayons (généralement au nombre de 36) et est complétée d'une structure pneumatique. Un fond de jante, en tissu, en caoutchouc ou en plastique, protège cette dernière des têtes de rayons.
L'inspection fréquente de l'état des pneus ainsi que de la pression d'air peut vous éviter plusieurs désagréments en cours de randonnée.

CREVAISON

Il existe sur le marché, deux types de pneumatiques. Le premier, sans contredit le plus répandu, est composé d'une chambre à air et d'un pneu. Utilisé d'abord sur le vélo de promenade, il est aujourd'hui massivement utilisé sur les vélos de performance. Le second, exclusivement utilisé sur le vélo de performance, est composé d'une seule pièce. Il s'agit d'un boyau, collé sur la jante.

Nous aborderons uniquement la réparation de crevaison qui survient sur le premier type de pneumatique, le pneu standard avec chambre à air.

Réparation d'une chambre à air
Matériel nécessaire:

- ❑ clés à pneu
- ❑ nécessaire à réparation de crevaison (rustines, colle, papier d'émeri)
- ❑ pompe
- ❑ clé à molette (pour les roues fixées au cadre au moyen d'écrous).

- ■ Retirez la roue du cadre si vous ne pouvez localiser la perforation. (Pour la roue arrière, voir «retrait de la roue arrière»)
- ■ Dégonflez bien la chambre à air et dévissez l'écrou de serrage de la valve qui fixe celle-ci à la jante, s'il y a lieu.
- ■ Au moyen des clés à pneu, commencez à décrocher le pneu de la jante, du côté opposé à la valve. Insérez une clé entre le pneu et la jante puis une autre de 10 cm plus loin (figure 11) et décrochez ainsi tout un côté du pneu. Il se peut que certains pneus (haute pression) soient plus difficiles à retirer. Suite à cette étape, un côté du pneu doit rester monté sur la jante.

- Sortez la chambre à air du pneu.
- Localisez le trou en gonflant la chambre à air. S'il reste introuvable, trempez la chambre à air dans l'eau.
- Une fois le trou localisé, nettoyez et sablez le contour du trou.
- Appliquez la colle sur le trou en prenant soin d'en étendre plus grand que la surface de la rustine choisie. Laissez sécher une à deux minutes, jusqu'à ce que la colle devienne mate.
- Assurez-vous de bien dégonfler la chambre à air puis appliquez la rustine sur la surface collée en enlevant préalablement le papier protecteur à l'endos.
  Pressez deux minutes et laissez sécher.
- Vérifiez la réparation en gonflant la chambre à air.
- Avant de réinsérer la chambre à air dans le pneu, vérifiez avec vos doigts l'intérieur du pneu afin de déloger, s'il y a lieu, le morceau de verre, le clou ou autre qui a causé la crevaison. Vérifiez si le fond de jante est bien en place sur les têtes de rayons.
- Replacez la chambre à air dans le pneu, en insérant d'abord la valve.
- Remontez le pneu sur la jante en commençant à la hauteur de la valve. Pour les 30 derniers centimètres, il est souvent difficile de le faire avec les mains; utilisez les clés à pneu. Dans ce cas, il faut y aller avec précaution pour ne pas pincer la chambre à air entre la jante et la clé, ce qui ferait une nouvelle crevaison...
- Poussez la valve vers l'intérieur (figure 12) puis coincez les deux côtés du pneu contre la jante et tirez sur la valve vers l'extérieur pour la remettre en position initiale. Replacez l'écrou de serrage de la valve s'il y a lieu.
- Gonflez légèrement la chambre à air, pressez les flans du pneu entre les doigts sur toute sa circonférence, pour vous assurer que la chambre à air n'est pas coincée entre le pneu et la jante.
  Replacez la roue sur le cadre puis gonflez. La pression à mettre est inscrite (en «P.S.I.»: «pounds per square inches») sur le flanc du pneu. Il est important de suivre cette indication car des pneus mous occasionnent plus facilement des crevaisons, en plus de ralentir le déplacement. On vérifie la pression d'air en appuyant fortement le pouce sur le dessus du pneu, ce dernier ne devrait pas, ou à peine, se comprimer.

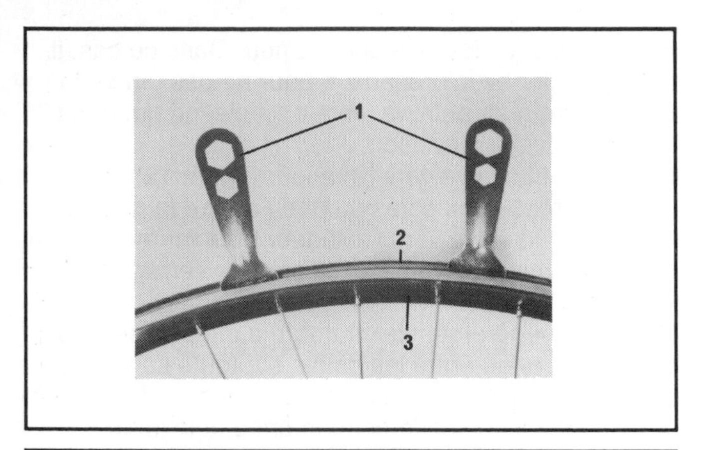

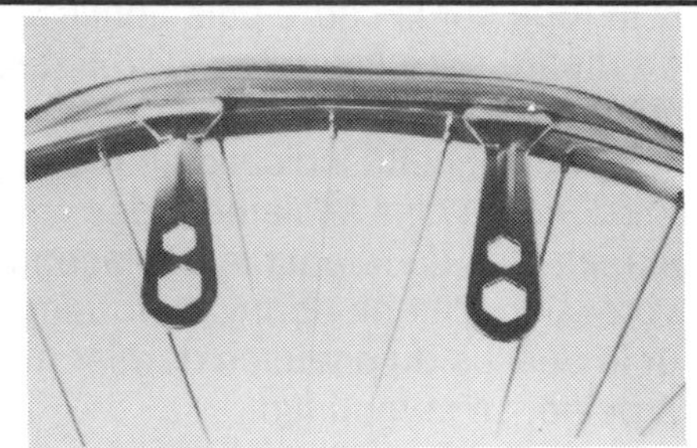

Figure 11: INSERTION DES CLÉS ENTRE LE PNEU ET LA JANTE

1. clés à pneu
2. pneu
3. jante

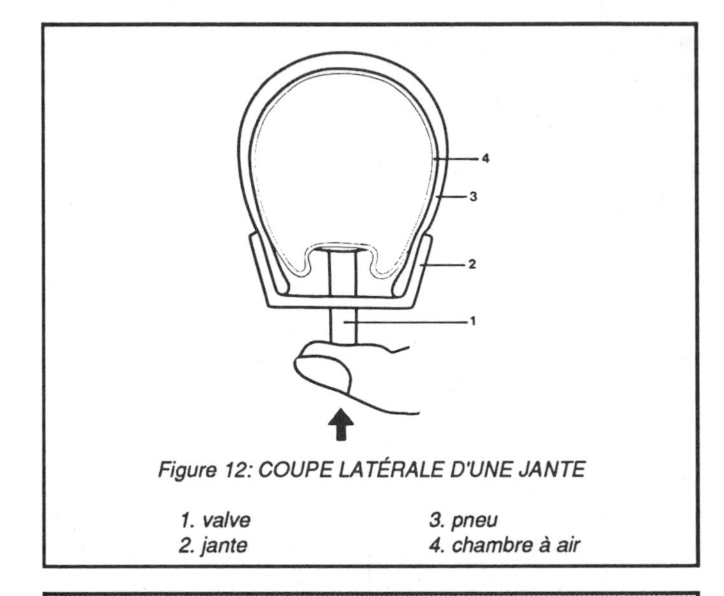

Figure 12: COUPE LATÉRALE D'UNE JANTE

1. valve
2. jante
3. pneu
4. chambre à air

Un pneu qui se dégonfle lentement peut être causé par une fuite de la valve. Gonflez alors le pneu au maximum (voir indication sur le flanc) puis à l'aide de votre salive obstruez la valve. S'il y a formation d'une bulle, il vous faudra resserrer ou changer la valve à l'aide du bouchon serre-valve (voir trousse de base).

Changement de chambre à air
Matériel nécessaire:
❑ chambre à air
❑ pompe
❑ clés à pneu
❑ clé à molette (facultatif)

Les étapes de montage et de démontage d'un pneu sont les mêmes que pour la réparation d'une crevaison. Les détails suivants complètent l'information nécessaire:

■ Achetez une chambre à air selon la largeur des pneus et selon le type de valve que la jante peut recevoir. Il existe deux sortes de valve: la valve Schreader (figure 13) et la valve Presta (figure 14). On trouve cette dernière sur des chambres à air destinées aux pneus à haute pression.
■ Gonflez légèrement la nouvelle chambre à air avant de l'insérer dans le pneu.

Retrait de la roue arrière fixée au cadre (figure 15)
■ Tournez le vélo à l'envers. Placez la chaîne sur le petit pignon, ouvrez la déclenche-rapide qui retient la roue au cadre ou desserrez les écrous à l'aide d'une clé à molette.
■ Tirez la roue vers l'avant du vélo, puis vers le haut. De l'autre main, poussez le dérailleur vers l'arrière

Figure 13: VALVE SCHREADER

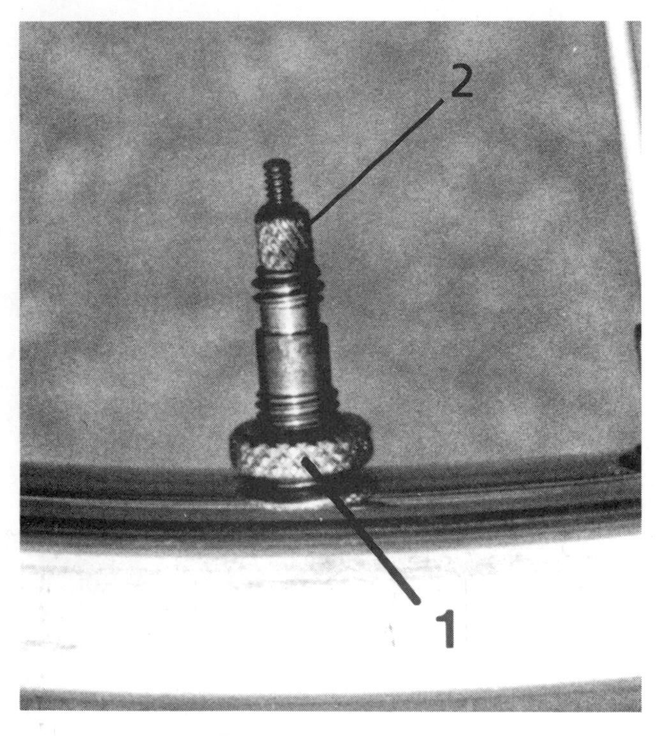

Figure 14: VALVE PRESTA

1. écrou de serrage de la valve
2. écrou d'ouverture/fermeture de la valve

Figure 15: RETRAIT DE LA ROUE ARRIÈRE

pour permettre à la roue de se dégager (figure 15).

- Enlevez la chaîne de la roue libre et retirez complètement la roue.
- Pour remettre la roue en place, poussez le dérailleur vers l'arrière puis placez la ligne de chaîne inférieure sur le petit pignon de la roue libre. Poussez ensuite pour l'insérer dans les pattes arrière. L'axe de la roue doit se fixer à l'entrée des pattes arrière et non au fond de celles-ci.
- Resserrez le système de fixation de la roue. La déclenche-rapide est bien fermée lorsque la courbe de l'ailette est placée vers l'intérieur.

ÉCLATEMENT D'UN PNEU

Un pneu n'éclate pas sans raison. C'est un signe que vous avez trop tardé à le remplacer. On repère un pneu usé à la vue du tressage du pneu ou d'un changement de couleur de la chape, signe que la première couche de caoutchouc est disparue. Un pneu craquelé et sec doit être remplacé, sans quoi on peut s'attendre à des petites surprises.

Réparation temporaire (figure 16)

Matériel nécessaire:

- ❑ clés à pneu
- ❑ ruban adhésif
- ❑ nécessaire à réparation de crevaison (rustine, colle, papier d'émeri)

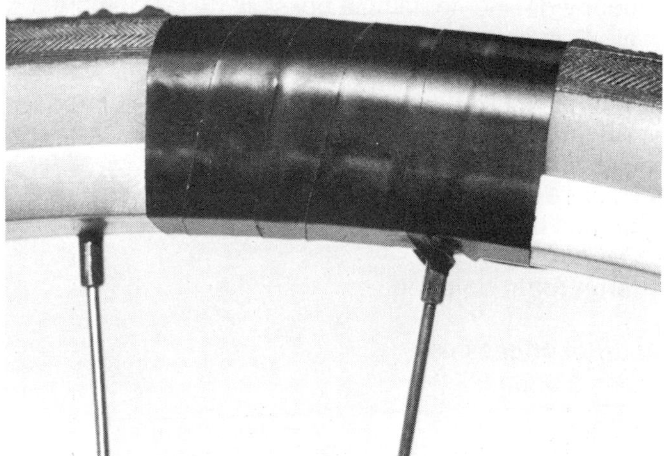

Figure 16: RÉPARATION TEMPORAIRE D'UN PNEU FENDU

- Effectuez la réparation de crevaison ou le changement de chambre à air (voir explications précédentes).

- Collez une grosse rustine à l'intérieur du pneu sur la fente en question. Si la fente est trop grande pour la rustine, insérez un vieux bout de pneu ou de chambre à air entre le pneu et la chambre à air.
- Réinsérez le pneu(voir: Réparation d'une chambre à air)
- Gonflez lentement en observant la fente du pneu pour y déceler toute fuite possible de la chambre à air. Si la chambre à air a tendance à s'infiltrer dans la fente, arrêtez le gonflage, entourez le pneu et la jante à ce niveau avec du ruban adhésif (figure 16).
- Gonflez au 3/4 de la pression suggérée.
- Pour ce type de réparation, il faut prendre soin de ne pas utiliser le frein sur la roue concernée.

Changement de pneu

Matériel nécessaire

- ❑ clés à pneu
- ❑ pneu

Pour remplacer un pneu usé, il faut d'abord bien choisir le pneu en fonction de la jante. Le tableau suivant vous guidera dans votre choix.

Dimensions de pneus disponibles sur le marché
le premier chiffre indique le diamètre du pneu et le deuxième, sa largeur.

Vélo de tourisme **Vélo hybride**	**Vélo de ville**
27 po X 1-1/8 po	26 po X 1-3/8 po
27 po X 1-1/4 po	26 po X 1-3/4 po
27 po X 1-3/8 po	27 po X 1-1/4 po
700 mm X 28 mm	27 po X 1-3/8 po
700 mm X 32 mm	700 mm X 28 mm
700 mm X 35 mm	700 mm X 32 mm

Vélo tout-terrain	**Vélo de cyclosport**
26 po X 1.5 po	27 po X 7/8 po
26 po X 1.75 po	27 po X 1 po
26 po X 1.9 po	27 po X 1-1/8 po
26 po X 1.95 po	700 mm X 19 mm
26 po X 2 po	700 mm X 20 mm
26 po X 2.1.0 po	700 mm X 23 mm
26 po X 2.1.25 po	700 mm X 25 mm

À noter qu'une jante peut recevoir deux ou trois largeurs de pneu (voir tableau de compatibilité jante/pneu). Le diamètre du pneu, par contre, doit absolument correspondre au diamètre de la jante.

- Retirez l'ancien pneu et la chambre à air de la jante.
- Insérez à la main un côté du pneu.
- Insérez la chambre à air et terminez l'insertion du pneu. (voir: réparation d'une crevaison)

Tableau de compatibilité jante/pneu

Dimension de la jante	**Dimension du pneu de**	**à**
27 X 7/8	27 X1-1/8	
27 X 1-1/8	27 X 1-1/8	27 X 1-1/4
27 X 1-1/4	27 X 1-1/8	27 X 1-3/8
700 X 25	700 X 19	700 X 28
700 X 28	700 X 25	700 X 32
700 X 32	700 X 28	700 X 35
26 X 1.75 ou 26 X 1.95	tout pneu indiqué sous V.T.T. (voir: Dimensions de pneus disponibles sur le marché)	

Transport d'un pneu

Il existe sur le marché une gamme de pneus à tringle souple ou pneus pliants. À prix très abordable, ils sont d'excellente qualité et faciles à transporter.

Toutefois, si vous tenez à transporter un pneu à tringle rigide voici un petit truc. Pliez le pneu en forme de 8 et joignez les deux boucles. Par contre, ne laissez pas le pneu dans cette position trop longtemps, car il est porté à se déformer.

ROUE VOILÉE

Une roue est voilée lorsque les côtés de la jante sont déportés d'un côté ou de l'autre. Une grosse bosse sur un des côtés de la jante peut occasionner un arrêt de la roue à la hauteur du frein. Si la technique de dévoilement d'une roue peut sembler facile, c'est avec l'expérience qu'on acquiert la finesse de l'ajustement.

N'hésitez pas à confier votre roue à un expert si, au cours de la réparation, la bosse s'accentue au lieu de diminuer.

Les rayons d'une roue sont les tendeurs qui maintiennent la jante dans une circonférence uniforme.

Dévoilage d'une roue

Matériel nécessaire

❑ clé à rayons

- Tournez le vélo à l'envers, le laissant appuyer sur le guidon et la selle.
- Vérifiez si tous les rayons sont en bon état. (S'il y a un rayon brisé, voir les explications un peu plus loin).
- Faites tourner la roue toujours fixée au cadre en prenant pour repère fixe un patin de frein, afin de localiser la «bosse».
- C'est la traction des rayons, égale des deux côtés de la jante, qui maintient celle-ci droite et centrée. Une fois la «bosse » localisée, repérez son centre. Desserrez les 2 ou 3 rayons qui s'insèrent du côté de la bosse. Serrez les rayons du côté opposé à la bosse (figure 17 et 18)
- Procédez par 1/4 ou 1/2 tour de clé pour le serrage et le desserrage des écrous de rayons. C'est par cette modification de tension faite sur les rayons avec la clé (figure 19) que la jante retrouve son axe initial.
- Pour un gros travail de dévoilage, il est préférable de retirer le pneu.

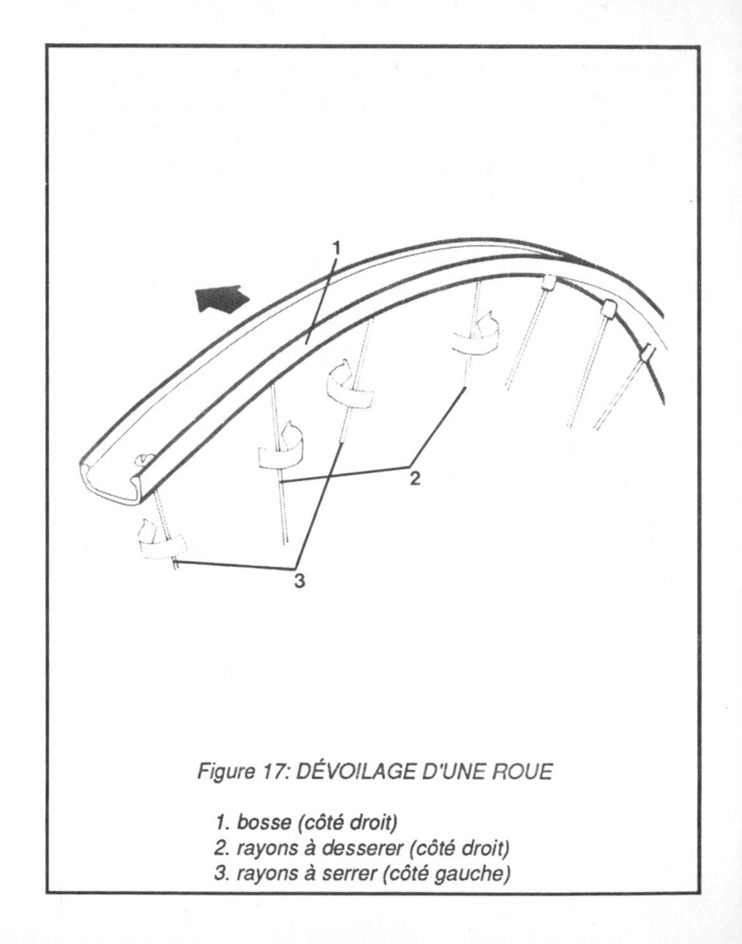

Figure 17: DÉVOILAGE D'UNE ROUE

1. bosse (côté droit)
2. rayons à desserer (côté droit)
3. rayons à serrer (côté gauche)

■ Pour le transport des rayons de rechange, attachez-les sur une branche du porte-bagages ou le long du cadre à l'aide de ruban adhésif.

BRIS DE RAYON (Réparation temporaire)

Matériel nécessaire

❑ clé à rayons

Si vous ne possédez pas de rayon de rechange, enlevez le rayon brisé (en laissant l'écrou du rayon sur la jante) et alignez la roue avec un rayon en moins. Cette réparation temporaire vous permettra tout de même de vous rendre chez le marchand le plus proche. Mais n'oubliez pas que même un seul rayon en moins diminue passablement la résistance d'une roue.

Changement d'un rayon brisé (Réparation permanente)

Matériel nécessaire

❑ clé à rayons
❑ rayon

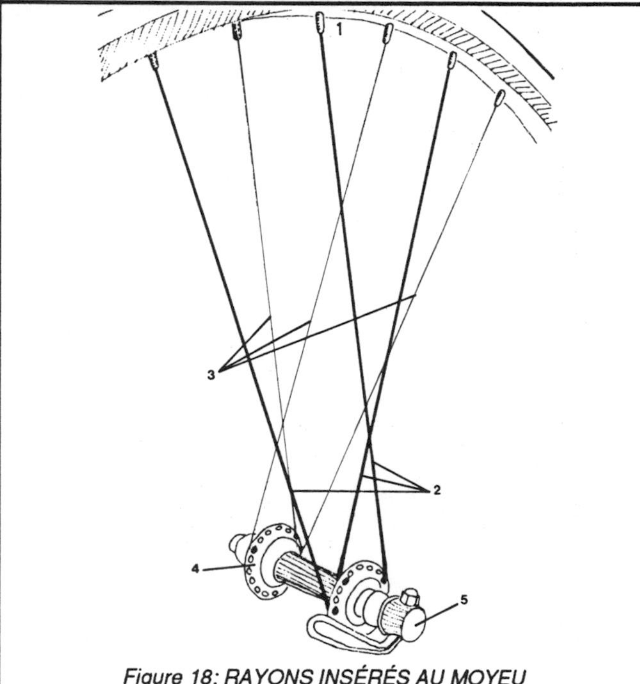

Figure 18: RAYONS INSÉRÉS AU MOYEU

1. *bosse (côté droit)*
2. *rayons à desserer (côté de la bosse)*
3. *rayons à serrer (côté opposé à la bosse)*
4. *flasque*
5. *déclenche-rapide*

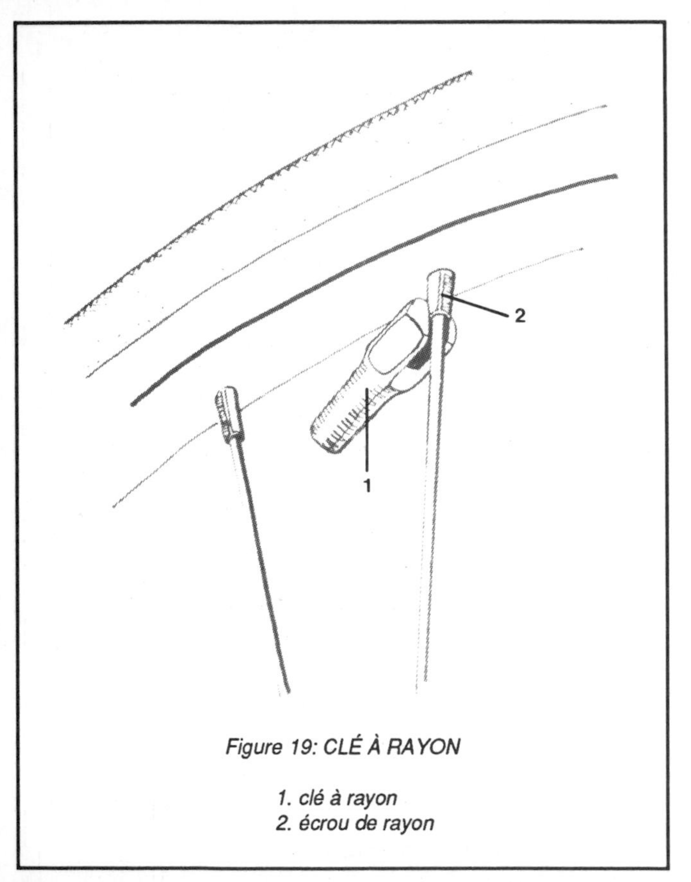

Figure 19: CLÉ À RAYON

1. *clé à rayon*
2. *écrou de rayon*

Figure 20:
INSERTION DE L'ÉCROU DE RAYON DANS LA JANTE

1. *écrou de rayon*
2. *jante*
3. *fond de jante*

- Enlevez l'ancien rayon. Si l'écrou de rayon est toujours en bon état, conservez-le. Il servira au nouveau rayon. Par contre, si le bris du rayon est près de l'écrou, il faudra le remplacer. Pour cette étape, il faut dégonfler la chambre à air, retirer un côté du pneu (voir réparation de crevaison) puis retirer l'écrou par le fond de jante (figure 20) Insérez le nouvel écrou, replacez le fond de jante, la chambre à air et le pneu.
- Insérez le rayon par le trou de la flasque correspondant et pressez la tête plate contre la flasque. Lors de l'insertion du rayon, il faut lui faire parcourir le même chemin croisé que les rayons voisins.
- Vissez l'écrou sur le rayon sans trop le tendre.
- Alignez ensuite la roue comme nous l'avons vu précédemment.

L'ACHAT DES RAYONS

La longueur d'un rayon est déterminée par différents facteurs et peut varier entre la roue avant et la roue arrière d'une même bicyclette. Il varie avec le diamètre de la roue (26", 27", etc.), la quantité de rayons (32, 36, 40, etc), le nombre de croisements, (3, 4, radial) et le type de moyeu (petite ou grande flasque). De plus, les rayons ne sont pas tous de

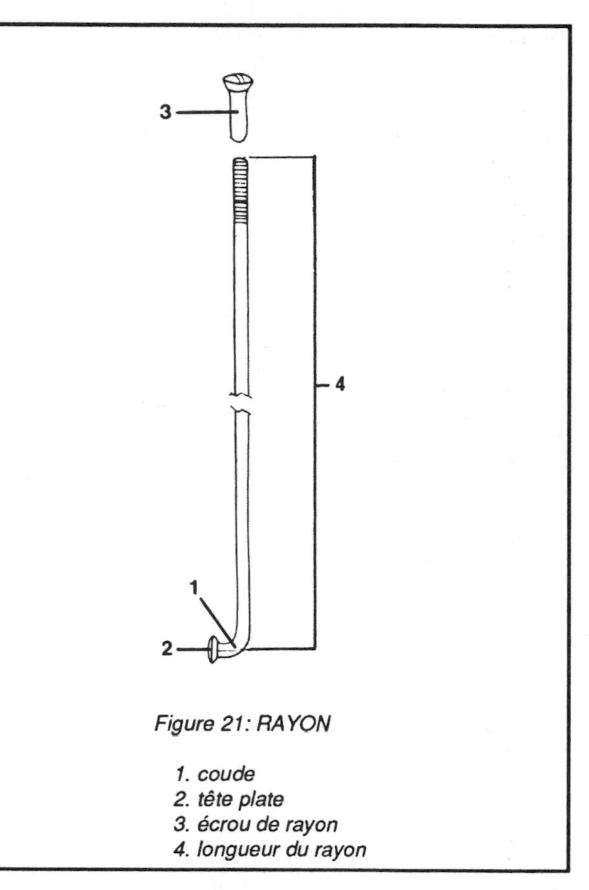

Figure 21: RAYON

1. coude
2. tête plate
3. écrou de rayon
4. longueur du rayon

même diamètre. Ils sont disponibles selon une échelle de 13 à 17, le calibre 13 correspondant au plus gros diamètre et 17, au plus petit. Règle générale le calibre 14 est le plus utilisé. Par ailleurs, on trouve des rayons en acier galvanisé (apparence chromé) et d'autres en acier inoxydable (apparence mate).

Avant l'achat, mesurez la longueur des rayons que vous utilisez (figure 21). Identifiez le calibre de ces derniers à l'aide d'une clé à rayons (elles ont des ouvertures prédéterminés (figure 19). Enfin, observez l'apparence des rayons, (chromés ou mats afin d'acheter le bon modèle).

Bris d'un rayon du côté de la roue libre
(Réparation temporaire)

Matériel nécessaire
❑ rayon plus long
❑ pince-étau
❑ clé à rayons

Ordinairement, lorsqu'un rayon de la roue arrière se brise du côté de la roue libre, il faut retirer la roue libre et insérer un nouveau rayon. Si vous ne possédez pas les outils nécessaires à cette extraction, un rayon de rechange, plus long, peut temporairement faire l'affaire.

■ Coupez la tête du rayon sur le bord du coude. À l'aide d'une pince-étau, pliez le bout du rayon en lui donnant la forme d'un hameçon.
■ Insérez le bout de l'hameçon dans le trou de la flasque, comme pour l'insertion d'un crochet, et faites-lui faire les croisements nécessaires. Insérez le rayon dans sa tête filetée selon les explications vues précédemment.
■ Alignez la roue en prenant soin toutefois de ne pas tendre trop fortement ce rayon qui supporte moins bien la tension.

FREINS

Le système de freinage est une des composantes du vélo que les cyclistes négligent le plus. Règle générale, les cyclistes sont plus préoccupés par la propulsion de leur engin que par le système d'arrêt. Pourtant, un système de freinage bien ajusté est un atout essentiel pour votre sécurité. Il existe plusieurs modèles de freins dont les plus courants sont les freins à friction sur jante: tirage central, tirage latéral et cantilever. On retrouve aussi des freins à rétropédalage, surtout sur les vélos à une vitesse et les vélos d'enfant. Plus rarement, on trouve des freins à disques et des freins à tambour, surtout sur les tandems. Nous n'élaborerons pas sur leur fonctionnement.

TYPES DE FREINS

Freins à rétropédalage

C'est un système de freinage intégré au système de propulsion du vélo et actionné par les pieds. C'est très simple: un coup de pédale vers l'arrière et la roue motrice se bloque. Chez les enfants, qui n'ont d'ailleurs pas l'habitude ou la force musculaire d'actionner des manettes de freins, ce système est nettement plus sécuritaire que les autres. Enfin, sous la pluie, ces freins sont plus efficaces.
Pour s'assurer que ce frein est bien ajusté, il suffit de vérifier l'écrou qui fixe le bras métallique du frein au cadre (figure 22). Ce bras situé au niveau du moyeu arrière se fixe parallèlement à la base du cadre. Cet écrou doit maintenir fermement le bras métallique pour assurer une efficacité maximale.

AJUSTEMENT DES FREINS À FRICTION SUR JANTE (figure 23)

Position des patins

Pour obtenir le rendement optimal des freins, il est nécessaire que les patins de freins, lors du freinage, soient entièrement en contact avec la jante. Vérifiez la position en pressant les manettes de freins et en observant la position des patins face à la jante (figure 24).

Figure 22: FREIN À RÉTROPÉDALAGE

1-écrou 2-bague de retenue 3-base du cadre 4-bras du frein

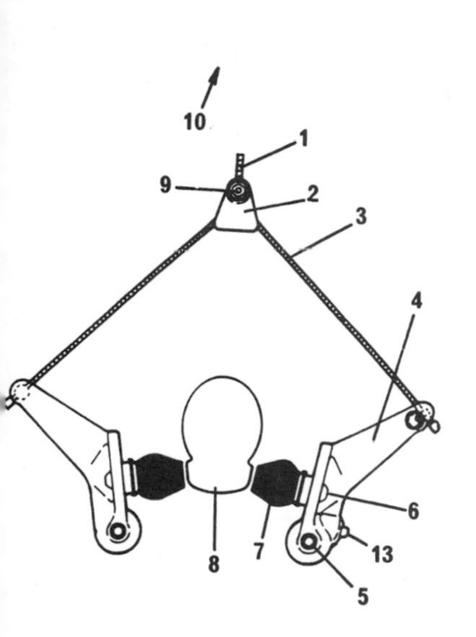

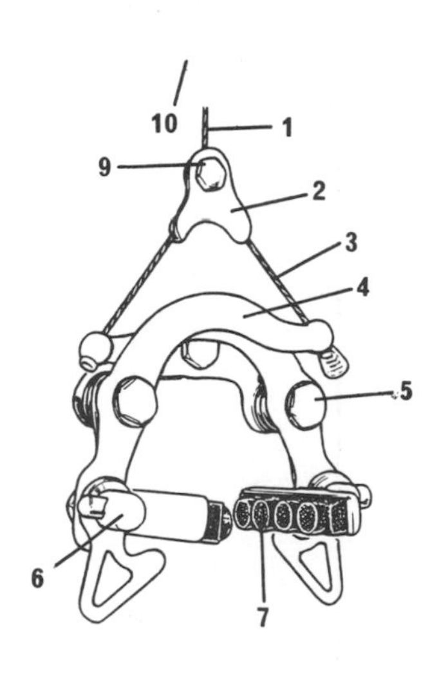

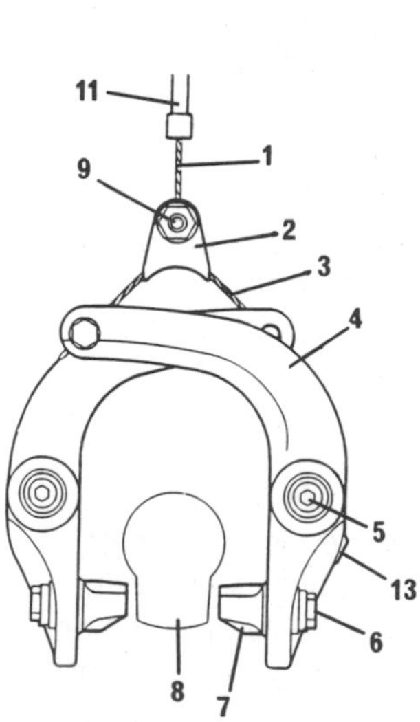

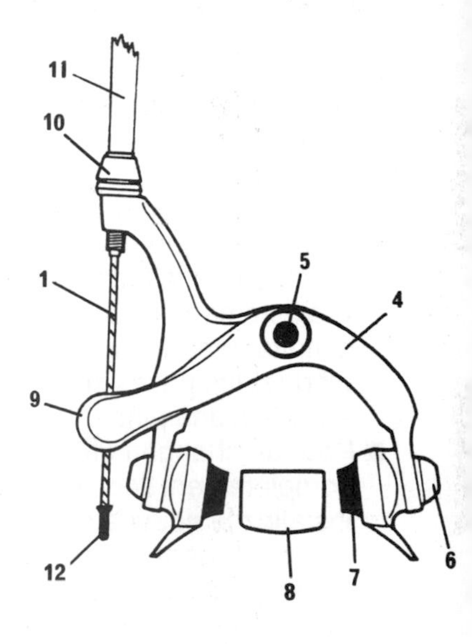

Figure 23: COMPOSANTES DES FREINS

1. câble de frein
2. chape relais
3. câble de liaison
4. mâchoire
5. écrou d'articulation
6. écrou d'attache du patin à la mâchoire
7. patin de frein
8. jante
9 vis serre-câble
10. vis d'ajustement
11. gaine
12. tête de plomb
13. vis de réglage de tension

Ajustement et changement de patins

Matériel nécessaire:
❑ clé à molette ou clé hexagonale
❑ patin de frein

Pour les freins à tirage central et latéral:

■ Dévissez légèrement l'écrou qui fixe le patin à la mâchoire et faites glisser le patin pour un réajustement. Resserrez l'écrou en pressant simultanément sur la manette de frein afin de bloquer les patins sur la jante, ou tenez ce dernier à l'aide d'une pince.

■ Pour un changement de patins: dévissez complètement l'écrou, enlevez le vieux patin et installez le nouveau en ajustant bien sa hauteur. Attention: certains patins doivent être orientés de façon spécifique. L'orientation est souvent indiquée par une flèche sur le côté du patin ou encore par la lettre "F" pour "Forward". Un changement de patin s'impose lorsque la partie caoutchoutée (le sabot), est devenue trop mince. La qualité et la durabilité des patins sont proportionnelles au prix.

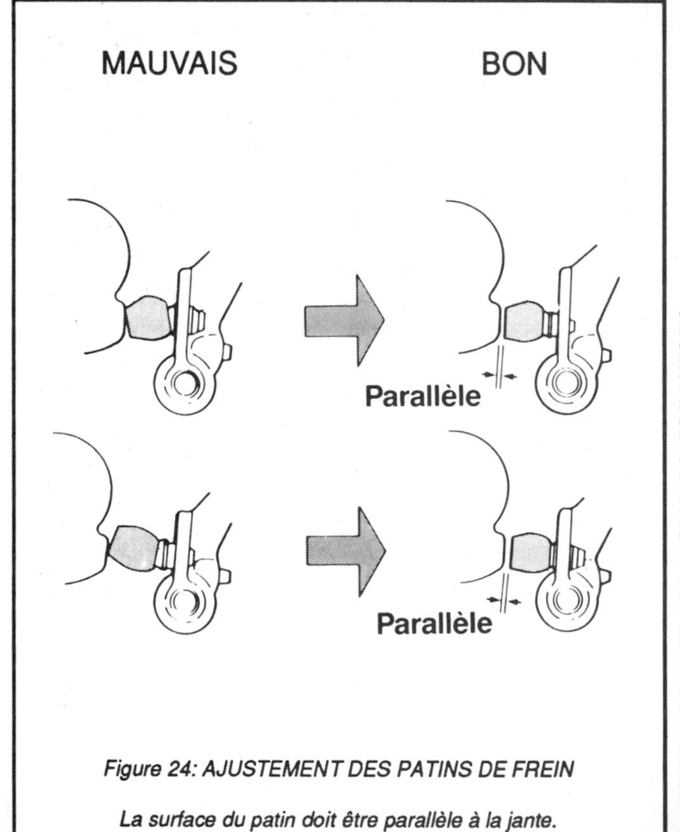

Figure 24: AJUSTEMENT DES PATINS DE FREIN

La surface du patin doit être parallèle à la jante.

Des patins qui crient?

Ce bruit souvent infernal qu'occasionne le freinage est dû au contact patin-jante, surtout sur une jante neuve avec de nouveaux patins ou encore après une pluie.

Un léger changement d'angle de contact du patin avec la jante peut régler ce problème. Cet angle doit être ouvert vers l'arrière du vélo sans être trop prononcé (figure 25). Si le bruit persiste, le changement des patins pour des modèles de qualité supérieure pourrait éliminer le bruit.

Tension du câble de frein (vérification)

Lorsque vos freins ne répondent presque plus, c'est probablement parce qu'il y a un problème de tension du câble de frein. Vérifiez d'abord l'usure et la position des patins, puis la tension du câble de frein: en position relâchée, les patins doivent être au maximum à quatre millimètres de la jante. (idéalement 1.5 à 2 mm, figure 26)

Pour vérifier si l'ajustement est bon, appliquez les freins avec force. Dans cette position, la distance entre la manette (comprimée) et le guidon devrait être d'au moins 2,5 cm.

Modification de la tension du câble

Matériel nécessaire

❑ clé à molette ou clé hexagonale
❑ pince-étau
❑ 3e ou 4e main (facultatif)

Modification mineure

Un léger ajustement est possible, rapidement et sans outil. Repérez la vis d'ajustement (figure 23)

- Pour un frein avec chape-relais (i.e. central, cantilever, en "U"), la vis d'ajustement est ordinairement située à l'extrémité de la gaine.
- Pour un frein à tirage latéral, cette vis est située à même la mâchoire de frein, toujours à l'extrémité de la gaine.
- De plus en plus, les vélos possèdent aussi une vis d'ajustement sur la manette de frein (figure 27)
- Quel que soit le modèle de frein, la façon dont on utilise la vis d'ajustement reste la même:
    - avec une main, pressez les patins sur la jante;
    - desserrez la vis pour tendre le câble;
    - vissez le contre-écrou à la base de la vis;
    - vérifiez l'ajustement.

Modification majeure

Pour un frein avec chape-relais (i.e. central, cantilever, en "U")

- Installez la 3e main sur les écrous d'attache des patins afin de les maintenir en contact avec la jante (figure 28).
- Dévissez légèrement la vis serre-câble du chape-relais.
- Réglez la vis d'ajustement au milieu de sa course.
- Faites glisser le câble de frein vers le bas, ou la chape-relais vers le haut sur une longueur d'environ 5 mm, puis revissez l'écrou.
- Assurez-vous que les deux extrémités de la gaine sont bien calées dans leur butée.
- Retirez la 3e main et vérifiez.
- Terminez le réglage avec la vis d'ajustement:
  - en dévissant, cela ajoute de la tension au câble
  - en vissant, cela diminue la tension du câble
- Assurez-vous enfin de bloquer le contre-écrou.

Pour frein à tirage latéral

- Installez la 3e main sur les écrous d'attache des patins afin de les maintenir en contact avec la jante. (figure 28)
- Dévissez légèrement la vis serre-câble.
- Réglez la vis d'ajustement au milieu de sa course.
- Faites glisser le câble vers le bas sur une longueur d'environ 5 mm puis resserrez l'écrou.
- Retirez la 3e main et vérifiez.
- Terminez l'ajustement par le biais de la vis d'ajustement:
  - en dévissant cela ajoute de la tension au câble
  - en vissant cela diminue la tension du câble
- Assurez-vous enfin de bloquer le contre-écrou

Pour éviter que le bout du câble ne s'effiloche, placez à son extrémité une tête de plomb spécialement conçue à cet effet, puis pincez-la sur le câble. (figure 23)

Changement du câble de frein

Le câble de frein a un diamètre supérieur au câble de dérailleur. Ne pas les confondre lors de l'achat! Comme câble de rechange, il est préférable d'acheter un câble de frein arrière. Sa longueur permet de l'utiliser autant en avant qu'en arrière.

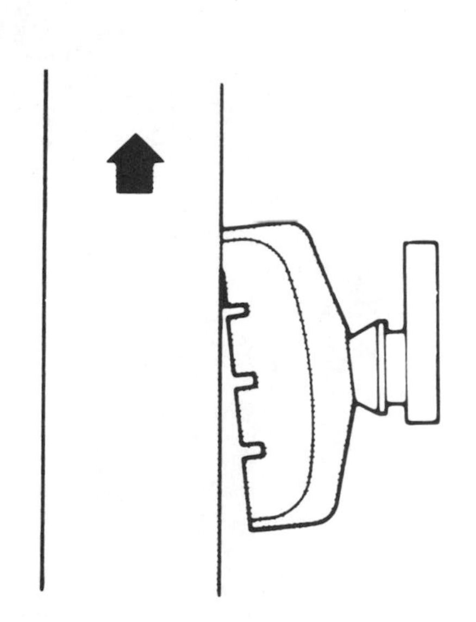

Figure 25: AJUSTEMENT DES PATINS DE FREIN

- La flèche indique le sens de rotation de la roue.
- L'angle du patin doit être d'environ 0,5 à 1,0 mm.

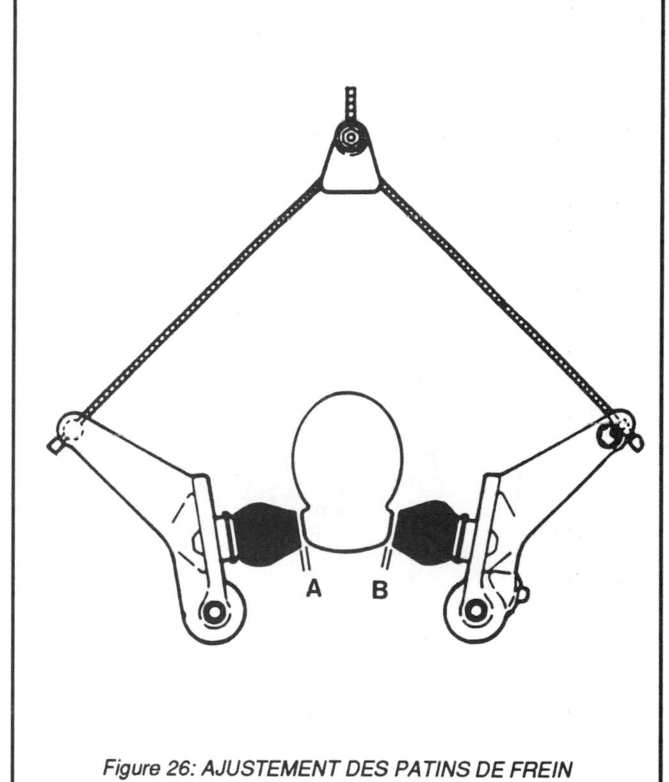

Figure 26: AJUSTEMENT DES PATINS DE FREIN

A + B = 3 à 4 mm

ILLUSTRATIONS REPRODUITES AVEC L'AUTORISATION DE SHIMANO INC.

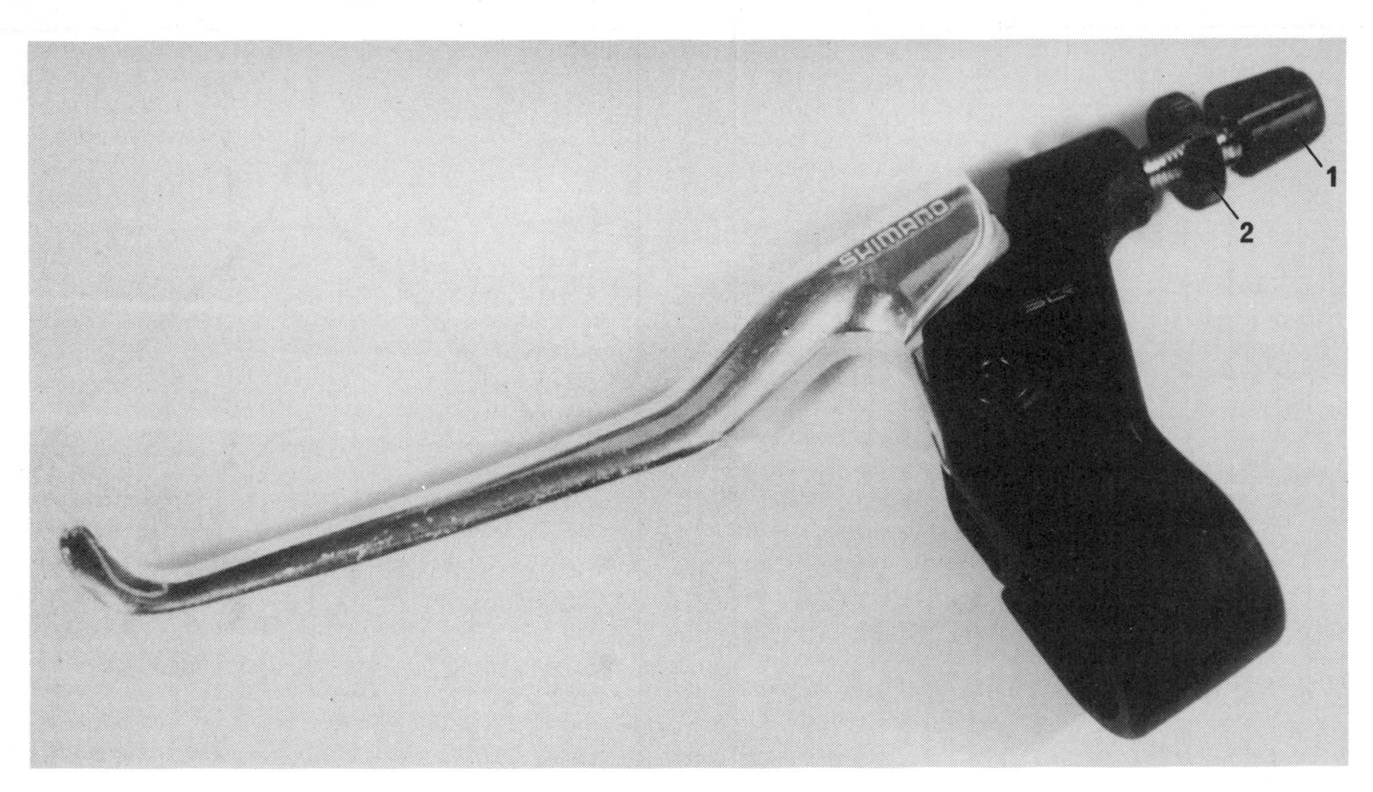

Figure 27: MANETTE DE FREIN

1-vis d'ajustement 2-contre-écrou

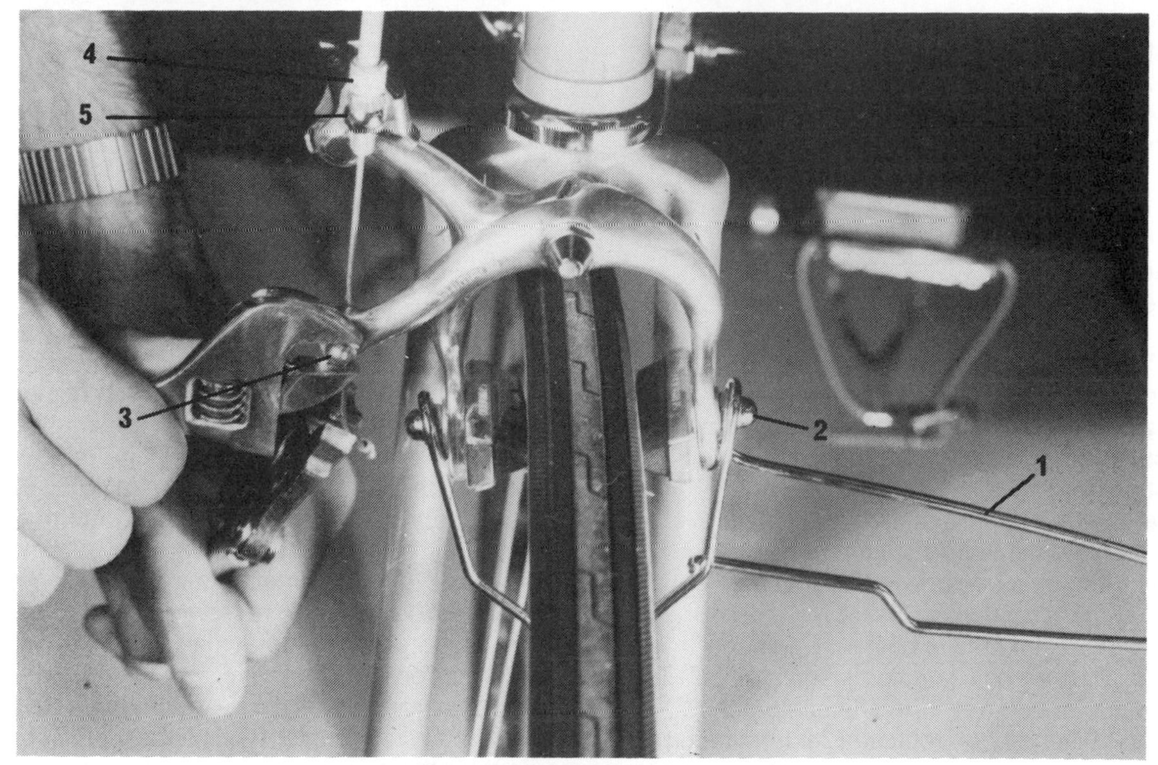

Figure 28: UTILISATION DE LA 3ᵉ MAIN

1-3ᵉ main 2-écrous de patins 3-vis serre-câble 4-vis d'ajustement 5-contre-écrou

Un câble possède deux têtes métalliques différentes aux extrémités: une en forme de rondelle, l'autre en forme de cylindre. Il faut donc choisir la tête qui s'adapte avec le type de manettes du vélo, puis couper l'autre.

Matériel nécessaire

❑ câble de frein
❑ pince-étau
❑ clé à molette ou clé hexagonale
❑ graisse

■ Observez bien le trajet parcouru par le câble.
■ Desserrez légèrement la vis serre-câble. Tirez ensuite sur le câble afin de le retirer de tous ses points d'attache.
■ Coupez la tête non utilisée du nouveau câble.
■ Insérez le câble dans le trou supérieur de la cocotte de frein, puis bloquez la tête du câble dans le baril de la manette (figure 29)
■ Graissez le câble, insérez le butoir de gaine (embout métallique) puis la gaine jusqu'à ce qu'elle bute sur la cocotte de frein. Tirez le câble qui dépasse de la gaine pour vérifier si l'extrémité est bien enclenchée.
■ Faites suivre à la gaine et au câble, le trajet parcouru par l'ancien câble et terminez l'insertion dans la vis d'ajustement puis dans le trou de la vis serre-câble.
■ Pour régler la tension, voyez les indications sur «l'ajustement de la tension du câble».

Note: *Un câble neuf a tendance à s'étirer. Il ne faut pas vous surprendre si vous devez l'ajuster plusieurs fois.*

■ Si un seul patin colle, comme c'est souvent le cas, vérifiez si la roue est bien au centre de la fourche, (avant) ou des bases (arrière). Centrez au besoin. Si le problème persiste, le frein est mal centré. Pour le frein avant, desserrez légèrement l'écrou d'attache du frein situé derrière la partie supérieure de la fourche (figure 30). Pour le frein arrière, l'écrou d'attache est situé derrière l'entretoise.
■ Centrez le frein et maintenez son axe de pivot (pièce où s'insère le ressort de tension des mâchoires) bien en place à l'aide d'une pince-étau.
■ Serrez l'écrou d'attache.
■ Pour le frein à tirage central, ce genre de problème est plutôt rare. Si toutefois vous y êtes confronté, suivez les mêmes indications que pour le frein à tirage latéral.

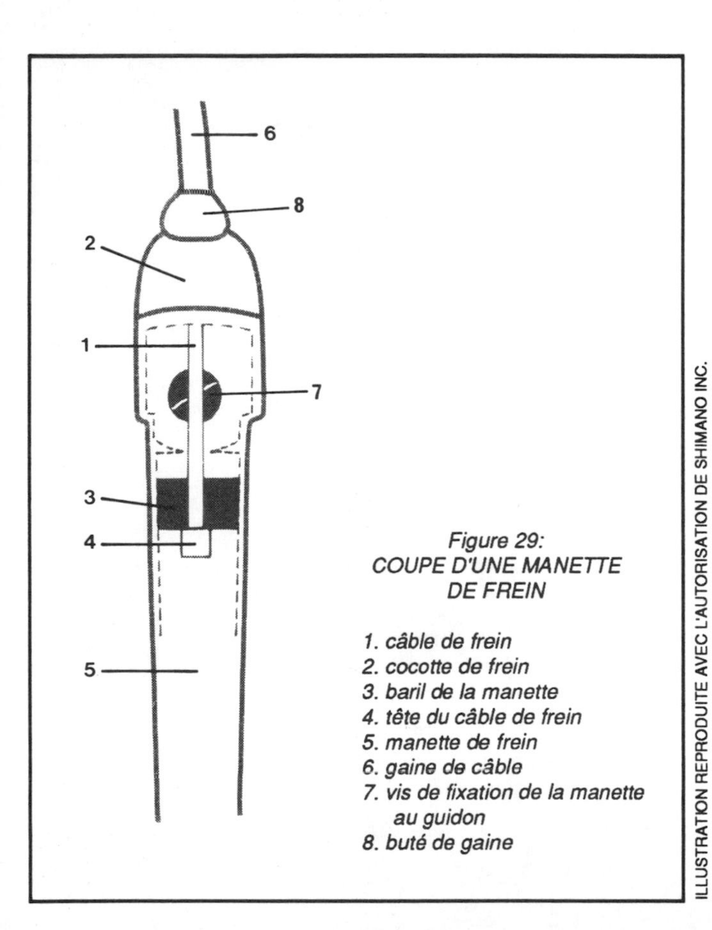

Figure 29:
COUPE D'UNE MANETTE DE FREIN

1. *câble de frein*
2. *cocotte de frein*
3. *baril de la manette*
4. *tête du câble de frein*
5. *manette de frein*
6. *gaine de câble*
7. *vis de fixation de la manette au guidon*
8. *buté de gaine*

■ Sur les freins cantilever et en "U", il existe une petite vis sur le côté droit de la mâchoire. Son rôle est de régler la tension du ressort (figure 23). C'est par elle que l'on centre le frein, après avoir vérifié si la roue est également centrée.

■ Si le problème persiste, décrochez le câble de liaison et vérifiez si les pivots travaillent librement de part et d'autre. Si un des pivots semble moins "dynamique", desserrez l'écrou d'articulation, démontez le frein, sablez la peinture sur l'axe du pivot (si nécessaire), nettoyez, graissez et remontez.

Note: *Ce travail est facile si on prend le temps d'observer comment et où vont les pièces, au moment du démontage.*

Coincement des manettes de freins

Le problème peut avoir plusieurs origines:

■ Le point de friction entre les mâchoires est encrassé et mal lubrifié: nettoyez et lubrifiez légèrement d'huile.

■ La gaine du câble de frein est mal lubrifiée et le câble ne glisse plus aisément: démontez le câble et lubrifiez (voir: Changement de câble).

■ Les mâchoires de freins sont trop serrées.
Desserrez légèrement l'écrou d'articulation reliant les mâchoires, sur le devant du frein (figure 23). L'écrou d'articulation comprend parfois deux parties: écrou et contre-écrou. Il faut desserrer les deux écrous puis maintenir en place au moyen d'une clé plate le contre-écrou, adjacent aux mâchoires. Serrez l'écrou extérieur au même moment. Si vous décelez un jeu de mâchoires de l'avant vers l'arrière, c'est que le contre-écrou a été trop desserré.

Dans un pareil cas, le freinage peut se faire brusquement ou par coups. Dans un cas comme dans l'autre, cela peut être dangereux et le mécanisme risque de subir des bris importants à plus ou moins long terme.

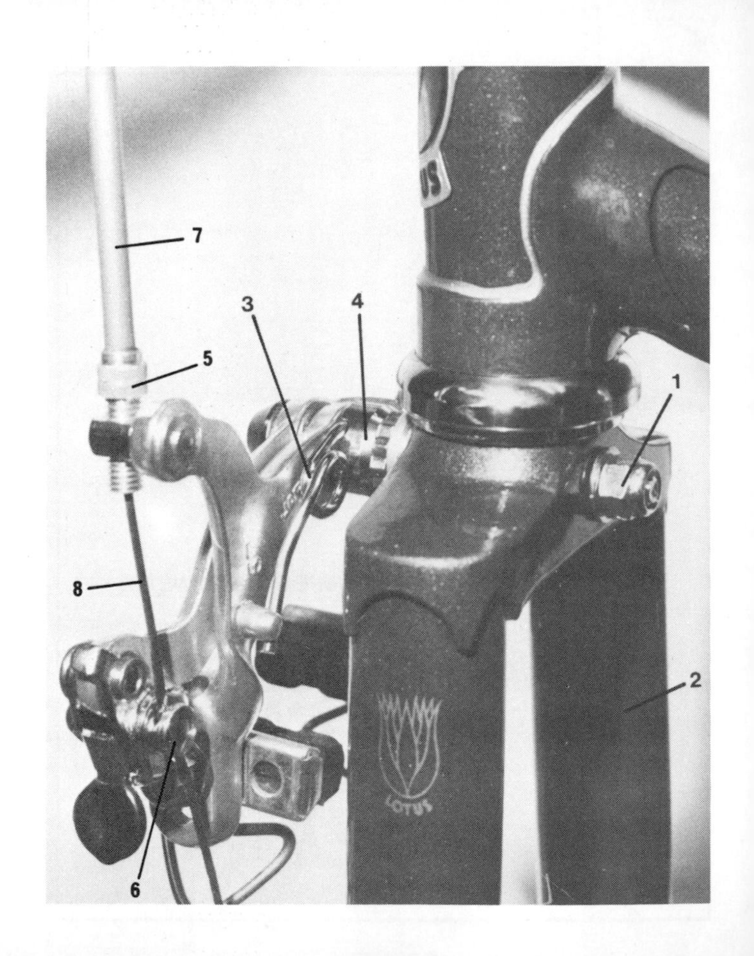

Figure 30: FREIN À TIRAGE LATÉRAL

1. *écrou d'attache du frein au cadre*
2. *fourreau de fourche*
3. *ressort de tension des mâchoires*
4. *axe de pivot*
5. *vis d'ajustement*
6. *vis serre-câble*
7. *gaine*
8. *câble de frein*

Problèmes fréquents des freins		
Problèmes	**Origine**	**Solutions**
Manette instable sur le guidon	- vis de fixation (figure 29)	- serrer
Diminution de la force de freinage	- usure des patins - position des patins - propreté de la jante - écart entre les patins et la jante (p. 45) - friction lorsque la manette est actionnée	- remplacer (p. 44) - ajuster (p. 44) - nettoyer - ajuster la tension et la jante - nettoyer et lubrifier (p. 51)
La manette ne revient pas, ou très lentement, à sa position initiale	- usure du câble et de la gaine (câble effiloché, gaine coupée) - le câble ne glisse pas facilement à l'intérieur de la gaine - la mâchoire ne s'articule pas facilement - la manette ne s'articule pas facilement	- changement (p. 46) - nettoyage et lubrification (p. 51) - ajustement de tension de l'écrou d'articulation - lubrification (p. 52) - lubrification de l'articulation
Le freinage se fait trop brusquement	- état de la jante (y-a-t-il des bosses?) - la machoire est-elle bien fixée au vélo? - l'écrou d'articulation est-il bien ajusté?	- débosseler à l'aide de 2 marteaux (appuyer un marteau sur la jante à la hauteur de la bosse. De l'autre frapper doucement sur la bosse). - ajuster (p. 52) - ajuster (p. 52)
Le freinage se fait par coups	- la roue est voilée - la jante est bossée	- dévoiler (p. 36) - voir problème précédent
Les freins crient	- la jante est sale - les patins sont glacés	- nettoyer - sabler légèrement les patins ou modifier l'angle des patins (p. 44)
La distance entre les patins et la jante n'est pas égale des deux côtés	- un patin reste en contact avec la jante - les patins n'entrent pas en contact simultanément avec la jante	- centrer la mâchoire (p. 50) - idem

SYSTÈME DE TRANSMISSION

Le système de transmission est la partie du vélo qui travaille le plus fort et qui risque de vous surprendre après quelques milliers de kilomètres par ses bruits suspects. La chaîne usée, le pédalier qui craque et le dérailleur mal ajusté provoquent toute une cacophonie mécanique. Il y a quelques années, le système indexé a fait son apparition sur le marché. Il s'agit d'un mécanisme synchronisé qui permet des changements de vitesses d'une grande précision.

DÉRAILLEURS

Le dérailleur arrière permet à la chaîne de passer d'un pignon à l'autre, et le dérailleur avant, d'un plateau à l'autre. Sur les vélos 6 vitesses, il y a un seul dérailleur, situé à l'arrière. Sur les vélos à 10 vitesses et plus, il y a deux dérailleurs, un à l'avant, l'autre à l'arrière. Les manettes qui actionnent les dérailleurs sont situées, soit sur le tube diagonal, soit sur la potence ou sur le guidon. La manette de droite actionne le dérailleur arrière et la manette de gauche actionne le dérailleur avant. Pour ce qui est des trois vitesses, le système de transmission ne possède pas de dérailleur extérieur mais un système de transmission intégré au moyeu. La manette qui actionne ce système est située sur le guidon.

DÉRAILLEUR ARRIÈRE

La fourchette joue un rôle déterminant en ce qui concerne la capacité qu'a le dérailleur à travailler avec différentes grosseurs de roues libres. Sa taille varie également en fonction de l'écart entre les plateaux.

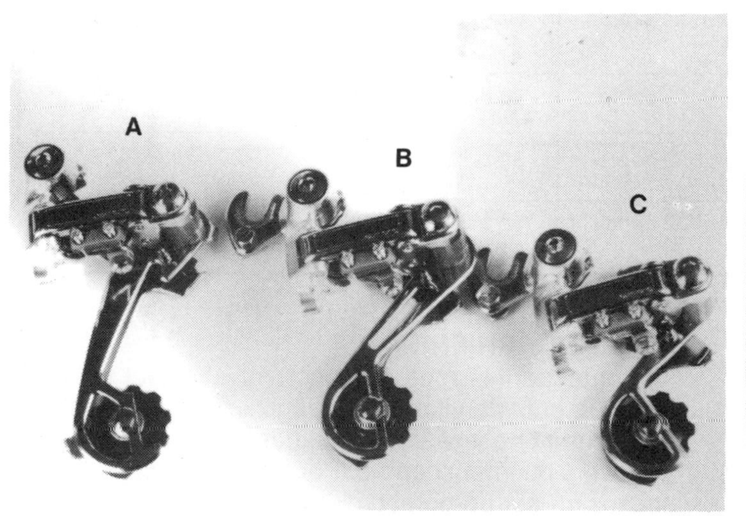

Figure 31: DÉRAILLEUR ARRIÈRE
(3 grandeurs de fourchette)

A. dérailleur à grande fourchette
B. dérailleur à moyenne fourchette
C. dérailleur à petite fourchette

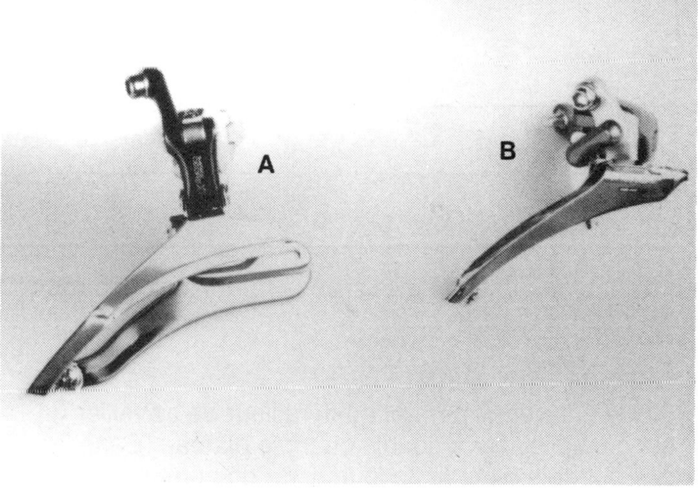

Figure 32: DÉRAILLEUR AVANT
(2 grandeurs de fourchette)

A. dérailleur pour triple plateau
B. dérailleur pour double plateau

Dérailleur	Pédalier	Roue libre		
Type de fourchette	Différence entre le petit et le grand plateau	Petit pignon	Grand pignon	Capacité maximale du grand pignon
petite	± 13 dents	12 dents	28 dents	28 dents
moyenne	± 20 dents	12 dents	30 à 32 dents	36 dents
grande	± 20 dents	12 dents	32 à 34 dents	38 dents et +

Ce tableau est très utile si vous remplacez une roue libre ou un dérailleur.

DÉRAILLEUR AVANT

Ici la différence permet au dérailleur de travailler avec un pédalier à double ou triple plateau. Dans le cas du triple plateau, la fourchette doit être plus longue pour être en mesure de travailler sur le petit plateau, qui, en moyenne, a de 24 à 28 dents. On trouve, pour le dérailleur avant, deux tailles de fourchettes (figure 32).

AJUSTEMENT DES DÉRAILLEURS AVANT ET ARRIÈRE

En entraînant la roue, vous pouvez effectuer les changements de vitesses et identifier efficacement l'ajustement nécessaire. Il faut donc retourner le vélo à l'envers ou le suspendre. Pour ce faire, vous pouvez utiliser un poteau d'atelier, un support à vélo pour auto, un vieux guidon de «10 vitesses», un support à tablette ou encore un(e) partenaire. Cependant, avant de procéder à l'ajustement, prenez soin pour votre sécurité, d'arrêter la roue.

L'ajustement des dérailleurs, qu'ils soient indexés (clic-clic) ou non, a toujours le même point de départ.

Figure 33: DÉRAILLEUR AVANT

1. *écrou de retenu du câble*
2. *vis d'ajustement intérieure «L»*
3. *vis d'ajustement extérieure «H»*
4. *boulon de fixation*
5. *bague d'attache*
6. *fourchette (guide-chaîne)*

Figure 34: DÉRAILLEUR ARRIÈRE

1. *molette d'ajustement du câble*
2. *vis d'ajustement «L» et «H»*
3. *écrou de retenue du câble*
4. *fourchette*
5. *galets*

C'est ce que l'on appelle le réglage de base. Pour un système indexé on procède à un réglage en deux temps.

Les vis «L» ET «H»

Repérez sur vos dérailleurs les vis d'ajustement. Elles ont pour fonction de régler la course (déplacement) latérale de ces derniers (Figures 33 et 34). Les vis «L» et «H» sont complémentaires et fonctionnent de la même façon: la première bloque la course du dérailleur du côté du petit plateau (avant) ou du grand pignon (arrière). La seconde règle pour le grand plateau (avant) ou le petit pignon (arrière).

Réglage de base des dérailleurs

Pour obtenir de bons résultats, vérifiez et ajustez la tension des câbles (voir: Tension du câble de dérailleur)

Matériel nécessaire

❑ tournevis

Dérailleur avant: (figure 33)

- À l'aide des manettes de vitesses, placez la chaîne sur le grand pignon (arrière) et le petit plateau (avant).
- Ajustez la course du dérailleur de façon à ce que la chaîne soit très proche de la face intérieure du guide-chaîne (fourchette), sans toutefois la toucher. (figure 37) Pour ce faire, utilisez la vis intérieure ou «L» (voir: Tableau de réglage des dérailleurs)
- À l'aide des manettes, placez la chaîne sur le petit pignon (arrière) et le grand plateau (avant).
- Ajustez la course du dérailleur de façon à ce que la chaîne soit très près de la face extérieure du guide-chaîne (fourchette), sans toutefois la toucher (figure 36). Pour ce faire, utilisez la vis extérieure ou «H». (voir: Tableau de réglage des dérailleurs)

Dérailleur arrière (figure 34)

- Réglez la course du dérailleur de façon à ce que la chaîne se place facilement et sans grincement sur le petit pignon. Pour ce faire, utilisez la vis «H» (voir Tableau de réglage des dérailleurs)
- Faites la même opération pour le grand pignon avec la vis «L» (voir: Tableau de réglage des dérailleurs).

Tableau de réglage des dérailleurs

POUR LE DÉRAILLEUR AVANT	Visser	Dévisser
■ Vis d'ajustement intérieure «L»	la chaîne décroche du petit plateau (tombe à l'intérieur)	la chaîne n'atteint pas le petit plateau la chaîne, sur le petit plateau, frotte sur la fourchette du dérailleur
■ Vis d'ajustement extérieure «H»	la chaîne décroche du petit plateau (tombe à l'intérieur)	la chaîne n'atteint pas le grand plateau la chaîne, sur le grand plateau, frotte sur la fourchette du dérailleur

POUR LE DÉRAILLEUR ARRIÈRE	Visser	Dévisser
■ Vis d'ajustement intérieure «L»	la chaîne se coince entre le grand pignon et les rayons	la chaîne n'atteint pas le grand pignon
■ Vis d'ajustement extérieure «H»	la chaîne se coince entre le petit pignon et le cadre	la chaîne n'atteint pas le petit pignon

Ajustement du système indexé (clic clic)

Matériel nécessaire:

❑ tournevis

Le système indexé est mieux connu sous le nom de S.I.S. (Shimano Index System) ou encore de Accushift. Ce système fonctionne sur le dérailleur arrière.

- Le système indexé ne peut être ajusté qu'une fois les réglages de base complétés. Pour ce faire, regardez votre manette de vitesses de droite et repérez un sélecteur de mode. C'est ce dernier qui détermine si votre dérailleur est en mode indexé (clic) ou en mode friction (régulier). (Figure 35) Placez le sélecteur en mode friction, puis procédez aux ajustements de base (voir p. 58)
- À l'aide de la manette de changement de vitesses, placez la chaîne sur le petit pignon.
- Placez le sélecteur en mode indexé (Figure 35)
- À l'aide de la manette de vitesse, placez la chaîne sur le 2e pignon (un seul «clic»).

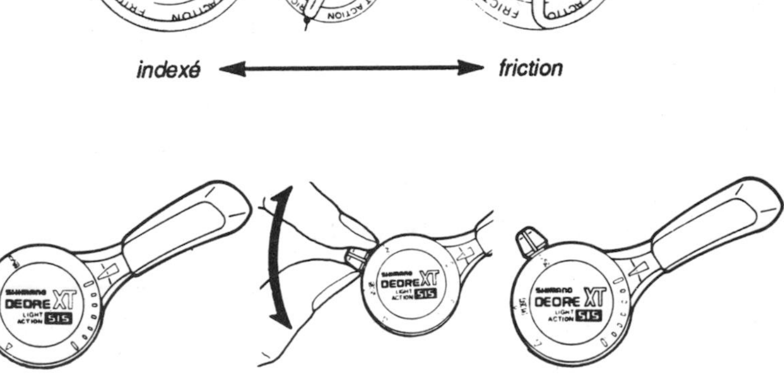

Figure 35: SÉLECTEUR DE MODE

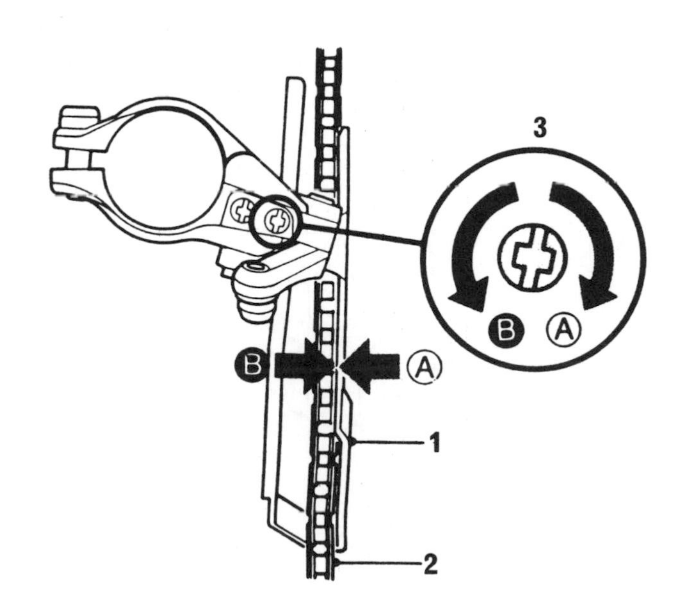

Figure 36
RÉGLAGE DU DÉRAILLEUR AVANT- VIS EXTÉRIEURE

1. *plaque du guide-chaîne*
2. *chaîne*
3. *vis d'ajustement*

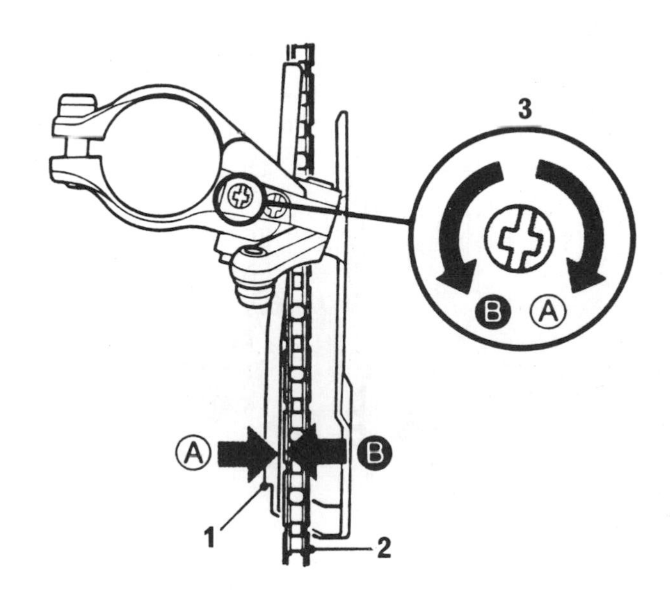

Figure 37:
RÉGLAGE DU DÉRAILLEUR AVANT- VIS INTÉRIEURE

1. *plaque du guide-chaîne*
2. *chaîne*
3. *vis d'ajustement*

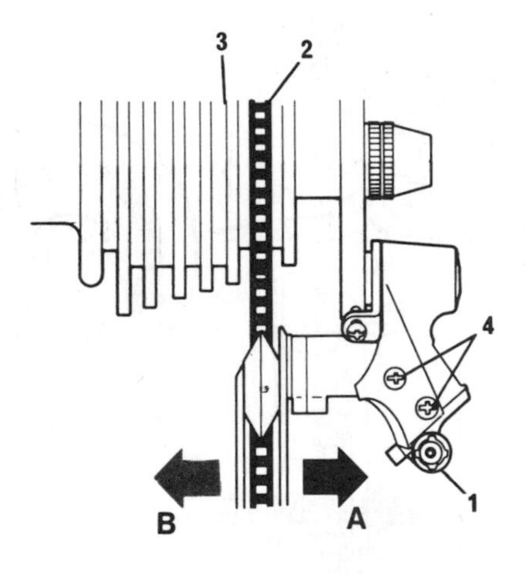

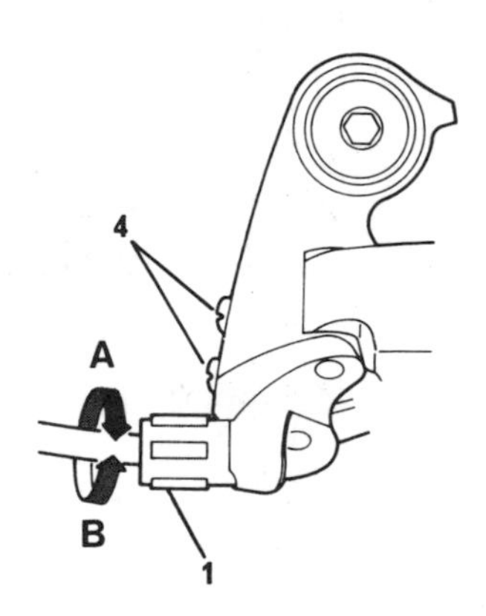

Figure 38: AJUSTEMENT DU SYSTÈME INDEXÉ

1. *molette d'ajustement*
2. *chaîne*
3. *pignon*
4. *vis d'ajustement*

Réglage du système indexé

Problèmes	Solutions:
La chaîne ne monte pas sur le 2e pignon:	Tournez la molette d'ajustement du câble dans le sens contraire des aiguilles d'une montre (figure 38) pour augmenter la tension du câble.
La chaîne passe directement sur le 3e pignon:	Tournez la molette d'ajustement du câble dans le sens des aiguilles d'une montre (figure 38) pour diminuer la tension du câble.
La chaîne est sur le 2e pignon, mais fait beaucoup de bruit:	Tournez doucement la molette d'ajustement du câble dans un sens ou dans l'autre, de façon à faire disparaître le bruit.

Le réglage parfait du système indexé est obtenu quand la chaîne est sur le 2e pignon, très près du 3e, sans toutefois qu'il n'y ait de friction ni de bruit.

L'ajustement du système indexé est maintenant complété. Chaque «clic» de votre manette de vitesse devrait correspondre à un déplacement précis de la chaîne sur un pignon. Sinon, jetez un coup d'oeil au tableau suivant.

Problèmes particuliers

Problèmes	Solutions:
La molette d'ajustement du câble est au bout de sa course et ne donne pas l'ajustement recherché	Passez en mode friction (figure 35) Détachez le câble de vitesse (il n'est pas nécessaire de le retirer) Placez la molette d'ajustement au milieu de sa course Fixez à nouveau le câble de vitesse (voir: tension du câble du dérailleur) Passez en mode indexé (figure 35) À l'aide de la manette, placez la chaîne sur le 2e pignon (1 seul clic)
Le dérailleur fonctionne très bien en mode friction mais certains développements ne fonctionnent pas très bien.	Reprenez les ajustements. Peut-être avez-vous manqué une étape? Note: Il est possible qu'il y ait un problème d'angle. Le système indexé a ceci de capricieux que tout doit être droit: dérailleur, patte d'attache etc. Dans ce cas, il est préférable de consulter un spécialiste. Ce type de problème peut également survenir si vos pièces ne sont pas compatibles avec le système indexé. Par exemple, pour rajeunir votre vélo, vous remplacez le dérailleur et les manettes pour des modèles indexés, sans avoir modifié la roue libre et la chaîne, qui ne sont alors plus compatibles.

Si pour une raison ou pour une autre, le système indexé fait défaut sur la route, et qu'il n'est plus possible de changer de vitesse ou de l'ajuster, passez en mode friction (figure 35), en attendant de pouvoir faire l'ajustement.

Ajustement des dérailleurs indexés
(avec les nouvelles manettes de vitesses de type STI ou Accushift Plus (Figure 39)

Matériel nécessaire:

- ❑ tournevis

Dérailleur avant (triple plateau)

- ■ Procédez aux ajustements de base
- ■ À l'aide des manettes placez la chaîne sur le grand pignon (arrière) et sur le plateau intermédiaire (avant)
- ■ À l'aide de la molette d'ajustement du câble située à l'extrémité de la manette de vitesses (figure 39), ajustez la course du dérailleur de façon à ce que la chaîne soit très près de la face intérieure du guide-chaîne (1mm) sans la toucher.
- ■ Vérifiez le fonctionnement général du dérailleur. Si la chaîne se déplace difficilement entre les plateaux, référez-vous au tableau suivant. Cependant, assurez-vous que les étapes précédentes ont toutes été respectées.

DÉRAILLEUR AVANT INDEXÉ (STI et Accushift Plus)

Problèmes	Solutions:
La chaîne ne s'arrête pas sur le plateau intermédiaire lorsqu'elle vient du grand plateau.	Tournez la molette d'ajustement de la gaine dans le sens contraire des aiguilles d'une montre (figure 39)
La chaîne touche l'intérieur du guide-chaîne lorsqu'elle est sur le grand pignon et sur le plateau intermédiaire.	Tournez la molette d'ajustement de la gaine dans le sens des aiguilles d'une montre (figure 39)

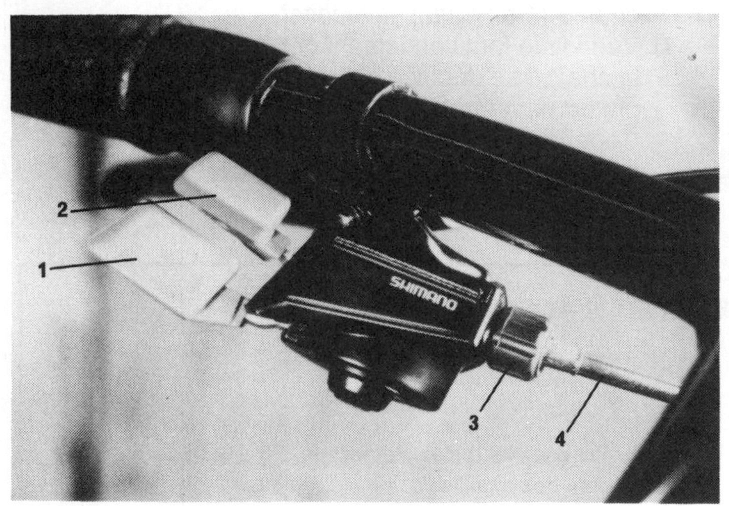

Figure 39: MANETTE DE VITESSES DE TYPE S.T.I.

1. levier A (pour passer du petit au grand)
2. levier B (pour passer du grand au petit)
3. molette d'ajustement de la gaine
4. gaine

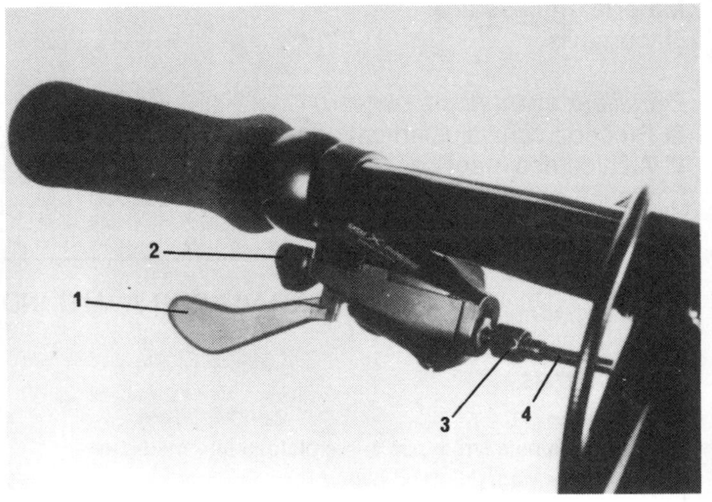

Figure 39A: MANETTE DE VITESSES DE TYPE ACCUSHIFT PLUS

1. levier A (pour passer du petit au grand)
2. levier B (pour passer du grand au petit)
3. molette d'ajustement de la gaine
4. gaine

Dérailleur arrière

Le type d'ajustement que demande le dérailleur arrière est exactement le même que celui du dérailleur indexé (voir p. 60)

Tension du câble de dérailleur

Pour une bonne tension du câble de dérailleur, la distance parcourue par les manettes de dérailleur à partir de leur position initiale (parallèle au tube pour les manettes fixées au cadre et parallèle à la potence pour les manettes fixées à la potence) ne devrait pas excéder 100°.

Matériel nécessaire

❑ clé à molette ou clé hexagonale (selon le dérailleur)
❑ pince-étau

■ Placez les manettes en position initiale. Celle-ci correspond à la plus faible tension du câble, entraînant le dérailleur arrière sur le plus petit pignon et le dérailleur avant sur le plus petit plateau.

■ Dévissez légèrement l'écrou qui coince le câble sur le dérailleur, tendez légèrement le câble au moyen de la pince-étau et serrez l'écrou. Le câble doit être légèrement tendu.

Bris du câble de dérailleur (réparation temporaire)

Matériel nécessaire

❑ tournevis

Sans câble, le dérailleur arrière se place automatiquement sur le plus petit pignon, soit la vitesse la plus difficile. Si vous ne possédez pas de câble de rechange, vous pouvez bloquer le dérailleur sur le pignon de votre choix avec la vis d'ajustement "H" (voir: Ajustement des dérailleurs)

Changement d'un câble de dérailleur

Matériel nécessaire

❑ câble de dérailleur
❑ pince-étau
❑ clé à molette ou hexagonale (selon le type de dérailleur)

- Dévissez l'écrou de retenue du câble au niveau du dérailleur, retirez le câble en observant le trajet parcouru jusqu'à son point d'insertion dans la manette.
- Placez la manette de dérailleur en position initiale et coupez la tête du câble non utilisée. Règle générale, sur le vélo à 6 vitesses et plus c'est la tête cylindrique du câble qui est utilisée, l'autre, en forme de rondelle est utilisée sur les vélos 3 vitesses.
- Pour installer le câble, débutez toujours par la manette pour finir au dérailleur. Avant d'insérer le câble dans la manette, observez attentivement comment l'ancien est positionné ou encore, regardez sur l'autre manette.
- Faites suivre au câble le trajet voulu le long du tube dans les guides-câbles jusque sous le pédalier, puis:

1- Pour le dérailleur avant

Passez le câble le long du tube vertical jusqu'à son insertion dans le dérailleur avant. Tirez légèrement le câble et vissez l'écrou de retenue du câble (figure 33).

2- Pour le dérailleur arrière

Faites suivre le câble le long du cadre, passez le câble dans le butoir de gaine, puis dans la gaine (graissez le câble sur cette longueur). Insérez dans l'écrou de retenue du câble (figure 34). Tirez légèrement le câble et vissez.

Coupez le câble à 5 cm de l'écrou bloqueur et placez un plomb au bout du câble pour l'empêcher de s'effilocher.

Manettes de dérailleurs déréglées

Des manettes de dérailleurs mal réglées peuvent causer des changements de vitesses imprévus. Il faut alors serrer la vis de réglage des manettes.

Pour ajuster cette vis (qui a l'allure d'un papillon en plastique, d'une clé métallique ou d'une vis ordinaire), il faut simplement serrer ou desserrer et vérifier la tension de la manette. Une vis trop serrée rend difficile le changement de vitesses. Il faut donc savoir doser le réglage de cette vis.

> **Note:** *Sur les manettes aux pouces, cette vis peut-être au-dessus ou au-dessous de la manette.*

Bris du dérailleur - (Réparation temporaire)

Un bris du dérailleur, au point où il faille le retirer du vélo, est sans doute un bris mécanique majeur peu courant et très ennuyeux. Un bris du dérailleur avant est moins grave qu'un bris du dérailleur arrière. La solution qui suit concerne surtout le dérailleur arrière.

Matériel nécessaire

❑ clé à molette ou clé hexagonale (selon le type du dérailleur)

■ Retournez le vélo à l'envers puis retirez la roue arrière

■ Coupez la chaîne (voir «couper une chaîne»)

■ Enlevez le dérailleur du cadre: au moyen de la clé hexagonale, pour les dérailleurs fixés à même un oeilleton situé sous la patte arrière; avec une clé à molette, pour les dérailleurs fixés au cadre au moyen d'un adaptateur qui s'insère dans la patte arrière.

■ Replacez la roue en prenant soin de placer l'axe de la roue à l'entrée des pattes arrière.

■ À l'avant, placez la chaîne sur le petit plateau ou sur le plateau du milieu (si le vélo a trois plateaux). À l'arrière, placez la chaîne sur le pignon central. Ajustez ensuite la longueur de la chaîne en fonction de cette position. Coupez le surplus au moyen du dérive-chaîne. Il se peut que la chaîne ne soit pas bien tendue. Pour ajuster la tension de la chaîne, poussez bien au fond l'axe de la roue arrière, dans les pattes.

■ Fixez la roue arrière lorsque la tension de la chaîne est bien ajustée. Il ne doit rester qu'un faible jeu de haut en bas sur la chaîne. On ne dispose alors que d'une seule vitesse, mais le vélo peut rouler.

■ Pour un bris du dérailleur avant, on retire le dérailleur comme on l'a vu précédemment. Placez la chaîne sur un des plateaux, sans modifier la longueur de la chaîne puisque le dérailleur arrière est toujours en place. Sans dérailleur avant, il reste 5, 6 ou 7 vitesses à utiliser.

ROUE LIBRE

La roue libre est l'ensemble de 5, 6 ou 7 pignons fixés ensemble au moyeu de la roue arrière. On trouve sur le marché deux principaux types de roues libres: la roue libre à cassette et la roue libre monobloc. On ne peut donc remplacer une roue libre monobloc par une roue libre à cassette sans modifier le moyeu et vice versa. Il est donc important de choisir la roue libre en fonction du type de moyeu et du nombre de pignons nécessaires suivant les développements voulus (voir «vitesses et dérailleur arrière»)

Extraction d'une roue libre

MODÈLE MONOBLOC

Son système de roulement à billes est inséré à même la roue libre. Pour l'extraire, on doit utiliser l'extracteur spécifique à chaque modèle de roue libre monobloc (figure 40)

Matériel nécessaire

- ❑ extracteur de roue libre
- ❑ clé à molette (pour roue fixée au cadre avec écrou)
- ❑ clé de 30 cm et plus, ou étau
- ❑ graisse

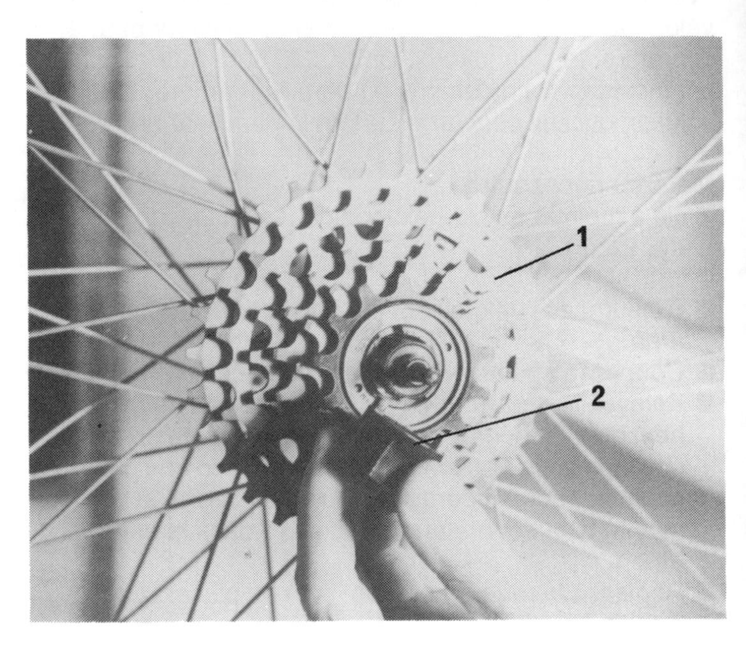

Figure 40: ROUE LIBRE MONOBLOC

1. roue libre monobloc
2. extracteur de roue libre

- Enlevez la roue arrière du vélo.
- Retirez la déclenche rapide (pour les roues qui en possèdent) en dévissant l'extrémité. Installez l'extracteur de roue libre, réinstallez la déclenche-rapide et serrez jusqu'à ce que vous bloquiez l'extracteur contre la roue libre. Pour les roues maintenues au cadre avec écrous, revissez un écrou sur l'extracteur.
- Insérez la clé de 30 cm et plus sur les parties plates de l'extracteur, puis dévissez. Plus votre clé sera grande, plus l'extraction sera facile. Il faut souvent appliquer une forte pression. L'étau peut remplacer la grande clé. Placez alors l'extracteur dans l'étau et dévissez avec la roue. Au premier signe de desserrement, retirez la clé ou l'étau, dévissez la déclenche rapide ou l'écrou, puis terminez à la main, toujours avec l'extracteur.
- Pour remettre en place une roue libre, on nettoie et on graisse les filets du moyeu et de la roue libre. On visse la roue libre à la main avec précaution. Les premiers coups de pédale viendront la fixer bien à sa place.

Note: *L'extraction d'une roue libre monobloc ou à cassette se fait, soit pour la remplacer, soit pour changer quelques pignons seulement, si elle est neuve, soit pour remplacer un rayon brisé du côté de la roue libre.*

MODÈLE À CASSETTE

Cette roue libre se distingue de l'autre par son ensemble de pignons indépendants du roulement à billes fixé au moyeu. Pour l'extraire, il faut un extracteur de pignon standard pour tous les modèles.

Matériel nécessaire

- ❑ deux extracteurs de pignons
- ❑ graisse

- Pour procéder à l'opération, il est préférable d'avoir deux extracteurs de pignons (chaîne de 15 cm reliée à un levier, figure 3). (Il est possible d'utiliser un seul extracteur en laissant la roue sur le vélo. Gardez la chaîne sur un gros pignon.)

Figure 41: ROUE LIBRE À CASSETTE

1. extracteur de pignons
2. roue libre à cassette

- Retirez la roue du vélo. Enroulez un extracteur sur le petit et l'autre sur le gros pignon. Dévissez le petit pignon du reste de la roue libre (figure 41). Retirez-le et le reste de la roue libre suivra en un morceau, le roulement à billes restant fixé au moyeu.
- Pour placer de nouveau la roue libre, insérez-la sur le moyeu puis vissez le petit pignon avec l'aide des extracteurs. La roue libre à cassette est plus facile à extraire que le modèle monobloc.

Bris de la roue libre (réparation temporaire)

Normalement, cette pièce se bloque dans le sens des aiguilles d'une montre et tourne librement dans le sens contraire. Si elle tourne librement dans les deux sens, il y a un problème: le vélo, de toute façon, ne peut plus avancer.

Pour se rendre jusque chez le marchand de vélo, voici une solution temporaire.

Matériel nécessaire

❑ fil de fer ou attaches auto-bloquantes («tie rap»)
❑ pince-étau

- Passez le fil de fer dans les trous du grand pignon et fixez-le sur les rayons, comme si vous faisiez une «couture». Cela bloquera complètement la roue libre.
- Rappelez-vous que c'est une réparation temporaire et qu'il est préférable d'utiliser les petites vitesses pour donner le moins de pression possible à la roue libre bloquée. Les pédales tournent donc continuellement en suivant le rythme de la roue, sans même que vous y mettiez de pression. Alors, attention dans les descentes!

CHAÎNE

La chaîne transmet l'énergie du cycliste à la roue arrière par l'intermédiaire du pédalier. C'est aussi un élément du vélo qui exige un nettoyage fréquent, à l'aide d'un solvant, et une lubrification à l'huile. Une chaîne sèche ou «chantante» signifie qu'elle manque de lubrifiant.

Tension de la chaîne

Pour vérifier ou ajuster la tension de la chaîne sur un vélo muni d'un dérailleur arrière il faut procéder comme suit:

- Pour une roue libre de 28 dents ou moins, placez d'abord la chaîne sur le grand plateau (avant) et sur le petit pignon (arrière). Ajustez la longueur de la chaîne de façon à ce que les galets (petites roues dentelées) du dérailleur soient un au-dessus de l'autre et perpendiculaires au sol. (figure 42)
- Pour une roue libre de 29 dents et plus, placez d'abord la chaîne sur le grand plateau (avant) et sur le grand pignon (arrière). Ajustez la longueur de la chaîne de façon à obtenir la tension maximale du dérailleur (figure 43), puis ajoutez deux maillons.
  Une chaîne trop courte ou trop longue nécessite un rajustement.

La vérification de tension d'une chaîne sur un vélo à 1 ou 3 vitesses est très simple. La «ligne» de chaîne doit avoir un jeu vertical d'au plus 2 cm. Pour l'ajuster, desserrez les écrous de fixation de la roue arrière et poussez la roue au fond des pattes arrière et vissez les écrous. Pour un ajustement majeur, voir l'autre rubrique «Couper une chaîne».

Figure 42: TENSION DE LA CHAÎNE
POUR ROUE LIBRE DE 28 DENTS ET MOINS

1. galets

Figure 43: TENSION DE LA CHAÎNE
POUR ROUE LIBRE DE 29 DENTS ET PLUS

Couper une chaîne

On doit couper une chaîne pour la nettoyer, la raccourcir, la rallonger ou tout simplement pour la remplacer.

Matériel nécessaire

❑ dérive-chaîne

■ Prenez la chaîne à mi-chemin entre le pédalier et la roue libre, dans sa partie la plus près du sol, et insérez-la dans le dérive-chaîne sur la coche la plus éloignée de la pointe (figure 44).

■ Placez la pointe du dérive-chaîne sur le rivet choisi et tournez le mécanisme de la pointe afin que celle-ci vienne pousser le rivet et l'extraire. Ne sortez jamais complètement le rivet du maillon. Il faut lui laisser un point d'insertion afin qu'il ne se décroche pas. Un petit truc: extraire le rivet jusqu'à ce qu'il soit à égalité avec la face extérieure de l'extracteur (figure 44)

■ Retirez la pointe du dérive-chaîne (en dévissant), puis retirez la chaîne de ce dernier. Par des torsions latérales manuelles, décrochez les maillons retenus par l'extrémité du rivet.

■ Pour remettre la chaîne en place, placez-la sur le petit plateau et le plus petit pignon, puis passez-la à travers les dérailleurs avant et arrière.

■ Replacez les maillons de la chaîne vis-à-vis l'un de l'autre et introduisez le bout du rivet dans le trou du maillon.

■ Placez la chaîne sur la même coche qu'au moment du retrait, le rivet sorti vers la pointe et actionnez le mécanisme pour faire pénétrer le rivet jusqu'à ce qu'il dépasse de l'autre côté du maillon.

■ Vérifiez la mobilité de ce maillon en retirant la chaîne du dérive-chaîne. Si son mouvement est difficile, replacez-le sur la 2e coche du dérive-chaîne puis poussez la pointe sur le rivet, très légèrement, afin d'écarter les parois du maillon.

■ Vérifiez la mobilité du maillon.

Note: *Certaines chaînes étroites sont équipées d'une goupille de raccord spéciale, de couleur différente des autres. Il ne faut en aucun cas la dériver.*

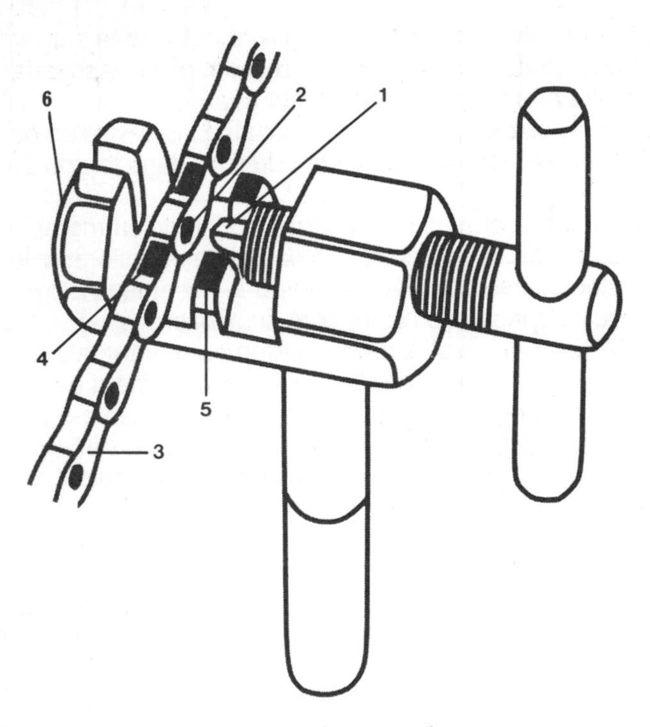

Figure 44: DÉRIVE-CHAÎNE

1. pointe du dérive-chaîne
2. rivet à extraire
3. maillon
4. 1re coche
5. 2e coche
6. face extrérieure

Figure 45: VÉRIFICATION D'USURE DE LA CHAÎNE

Changement d'une chaîne

C'est par le jeu entre les maillons qu'on reconnaît une chaîne usée. Pour effectuer la vérification, il faut pincer la chaîne entre ses doigts, sur le devant d'un plateau, puis la tirer vers l'extérieur (figure 45). Une chaîne usée laisse voir l'espace creux entre deux dents, alors qu'une chaîne neuve ne permet qu'un très faible jeu. Comparez quelques chaînes entre elles, vous verrez. Pour vous assurer d'un bon rendement, la chaîne devrait être remplacée tous les 5000 km. Vous devriez, en même temps, remplacer la roue libre.

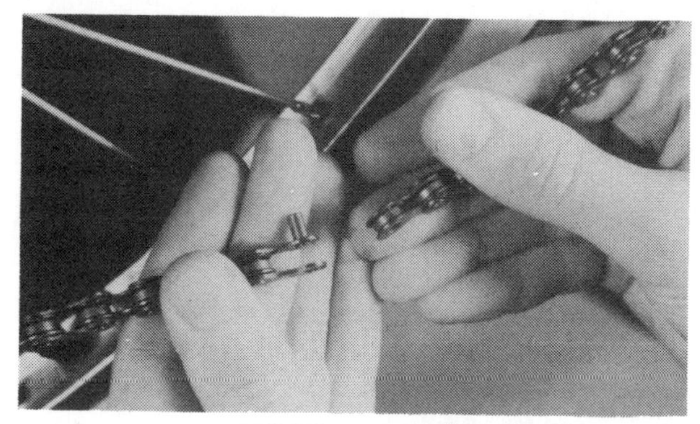

COUPER UNE CHAÎNE

Ne sortez jamais le rivet du maillon

PÉDALIER

Le pédalier représente le système de transmission d'énergie entre le cycliste et le vélo. Il est composé de l'axe, des roulements à billes, de deux manivelles, des pédales et enfin du ou des plateaux.
La grande majorité des vélos que l'on trouve sur le marché sont équipés de pédalier à emmanchement carré.

Ce type de pédalier est muni d'une vis à tête hexagonale qui traverse latéralement la manivelle pour se visser à même l'axe de pédalier (figure 46). Malgré que ce système d'attache soit très efficace, il arrive parfois qu'un jeu puisse se produire entre la manivelle et l'axe.
Pour venir à bout de ce problème:

- Dévissez le cache-poussière qui recouvre la vis et/ou l'écrou
- La vis ou l'écrou qui retient la manivelle à l'axe est aussi simple de fonctionnement qu'une vis ordinaire. Cependant, sur la majorité des pédaliers, une clé spéciale est requise pour visser et dévisser celle-ci. Cependant, pour extraire la manivelle de l'axe, un extracteur de manivelle est nécessaire.

Figure 46: PÉDALIER À EMMANCHEMENT CARRÉ

1. plateaux
2. vis à tête hexagonale
3. manivelle

CONSEILS MÉCANIQUES DIVERS

1- TRANSPORT D'UN VÉLO

Si le transport d'un vélo par train, par avion, par autobus ou par bateau est devenu chose courante, il n'en est pas moins angoissant de voir arriver un vélo amoché après un tel voyage. Certaines compagnies ont établi des politiques pour le transport des vélos. Cependant, la tâche de bien préparer la bicyclette pour le voyage incombe toujours à son propriétaire.

■ L'autobus

Chez Voyageur, la boîte est requise et même fournie pour un léger supplément au coût de votre passage. Vérifiez d'abord auprès de la compagnie.

■ Le train

Chez Via Rail, la boîte est requise et vendue au comptoir des bagages de la gare. Le transport du vélo ne coûte rien, jusqu'à nouvel ordre. Vérifiez si votre train possède bien un wagon à bagages, sinon il faut le faire voyager en bagage non-accompagné.

■ L'avion

Qu'il s'agisse d'une boîte que vous irez chercher chez un marchand de vélo ou d'un sac que vendent certaines compagnies aériennes, l'emballage est à conseiller fortement. Pour le transport des vélos sur les vols continentaux, vous devez prévoir des frais. Sur les vols transatlantiques, le transport des vélos est généralement gratuit, quoiqu'il soit préférable, là aussi, de vous informer en achetant votre billet.

■ Le bateau

Le transport par bateau demande peu de travail au cycliste. On place le vélo, même chargé, dans la cale puis on le fixe à une rampe au moyen de câbles disponibles sur le bateau. Ce mode de transport est donc le plus sûr pour le vélo, mais il est aussi le plus coûteux, surtout en Europe. Vérifiez toujours les prix avant d'embarquer.

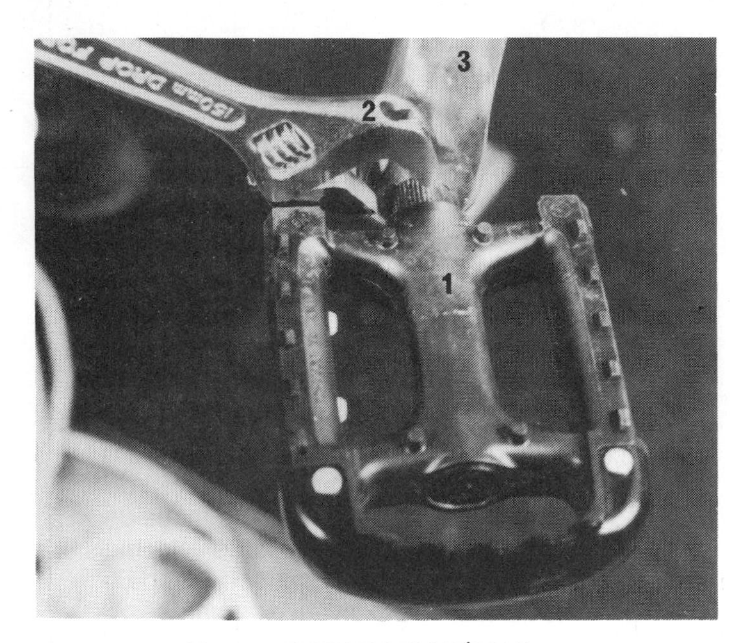

Figure 47: RETRAIT DE LA PÉDALE

1. pédale
2. clé à molette
3. manivelle

Vélo dans une boîte

Matériel nécessaire

❑ clé à molette
❑ clés hexagonales
❑ ruban adhésif
❑ boîte pour vélo

■ Placez la chaîne sur le petit plateau ainsi que sur le grand pignon. De cette façon les dérailleurs sont éloignés de la surface cartonné.
■ Retirez les pédales des manivelles à l'aide de la clé à molette ou d'une clé plate (figure 47) Rappelons que la pédale gauche est une des pièces du vélo possédant un filetage qui se dévisse dans le sens des aiguilles d'une montre. Une fois les pédales retirées, fixez-les sur le porte-bagages avec du ruban adhésif pour ne pas les égarer.
■ Dévissez le boulon de la potence (voir «Ajustements de base»), tourner le guidon parallèlement au cadre. Si vous n'avez qu'une petite boîte, retirez le guidon du cadre et accrochez-le sur le tube horizontal.

- Enlevez la roue avant (dans une boîte normale). Placez une pièce de bois entre les pattes de la fourche avant. Seules les boîtes de Via Rail sont assez longues pour recevoir un vélo dans toute sa longueur.
- Placez le vélo dans la boîte et placez la roue avant contre le cadre. (figure 48)
- Si la selle dépasse de la boîte, retirez-la en dévissant le boulon de la tige qui est situé au raccord des tubes selle-pédalier et selle-direction. Placez le tout dans la boîte. Fermez la boîte au moyen de ruban adhésif.
- Inscrivez sur la boîte nom, adresse, numéro de téléphone, destination et numéro de vol pour les vélos transportés par avion.

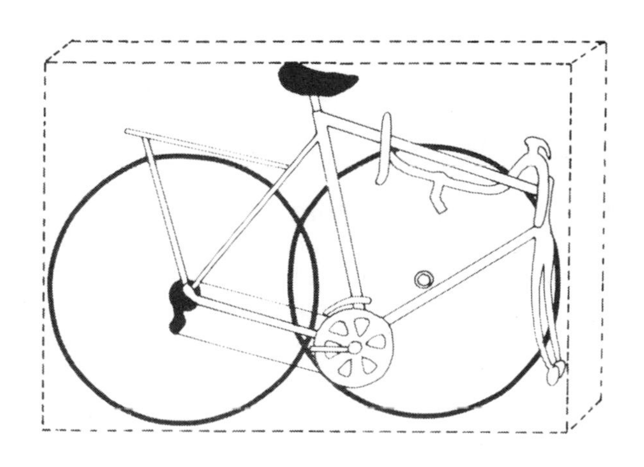

Figure 48: VÉLO DANS UNE BOÎTE

Vélo dans un sac

Matériel nécessaire
- ❑ clé à molette
- ❑ clés hexagonales
- ❑ ruban adhésif
- ❑ sac pour vélo

Le sac, surtout utilisé dans les avions, est vendu à l'aéroport par certaines compagnies aériennes et nécessite moins de préparation que la boîte.

- ■ Retirez les pédales (voir «Vélo dans une boîte») et fixez-les sur le porte-bagages avec du ruban adhésif.
- ■ Dévissez l'écrou de la potence (voir «Ajustement de base»), tournez le guidon pour qu'il soit parallèle au cadre et serrez à nouveau l'écrou.
- ■ Placez le vélo dans le sac et fermez-le à l'aide de ruban adhésif.
- ■ Inscrivez sur le sac nom, adresse, numéro de téléphone, destination, numéro de vol.

2- INSTALLATION DE RÉFLECTEURS

Le Code de la sécurité routière du Québec exige que tous les vélos qui circulent sur les routes, même le jour, soient munis d'un réflecteur blanc à l'avant, d'un rouge à l'arrière, d'un jaune dans la roue avant, d'un rouge dans la roue arrière et de réflecteurs jaunes sur les côtés des pédales. Mais pour qu'un réflecteur soit efficace, il doit être propre et orienté de façon à refléter la lumière. Quelques détails sont à vérifier.

Matériel nécessaire
- ❑ tournevis
- ❑ clé à molette

Réflecteurs avant et arrière
- ■ Les réflecteurs avant et arrière doivent être perpendiculaires au sol afin de bien réfléchir la lumière des phares d'automobiles.
- ■ Vérifiez les notes indicatrices de «haut» et «bas» inscrites sur le réflecteur.

- Le réflecteur avant peut s'installer sur le boulon situé à la jonction du guidon et de la potence, sur l'axe de frein près du tube de direction, sur le porte-bagages avant, ou sur un sac à guidon installé en permanence.
- Le réflecteur arrière peut s'installer sur le porte-bagages, sur le garde-boue arrière ou sur les haubans (à la condition de ne pas avoir de sacoches arrière).

Réflecteurs dans les roues

- Les réflecteurs qui s'installent sur un seul rayon sont préférables à ceux qui s'installent sur deux rayons (figure 49).
- Les réflecteurs des roues doivent être installés à l'opposé de la valve, sur les rayons de gauche (pour ne pas frotter sur le dérailleur), à environ 5 cm de la jante.
- Les réflecteurs doivent être fixés parallèlement à la roue. Les modèles qui s'installent sur deux rayons posèdent un angle léger afin de compenser l'inclinaison des rayons. Vérifiez l'alignement du réflecteur avec la roue.
- Les réflecteurs blancs dans les roues ne sont pas réglementaires.

Figure 49: RÉFLECTEUR INSTALLÉ SUR UN SEUL RAYON

Réflecteurs sur les pédales

Ces réflecteurs sont déjà installés sur la majorité des pédales et n'empêchent pas la pose des cale-pieds. Les pédales de caoutchouc doivent être déjà munies de réflecteurs car il est impossible de les y ajouter.

3- INSTALLATION D'UN SYSTÈME D'ÉCLAIRAGE

LA DYNAMO

Au Québec, le Code de la sécurité routière exige que toute bicyclette qui circule le soir soit équipée d'un feu blanc à l'avant et d'un feu rouge à l'arrière. Le système à dynamo semble la solution la plus économique et la plus efficace. Par contre, son installation requiert une attention mécanique toute spéciale.

Matériel nécessaire:

❑ système d'éclairage à dynamo
❑ tournevis
❑ ruban adhésif électrique
❑ clé à molette

■ Fixez le dynamo sur le hauban, à l'arrière en ajustant la hauteur, afin que l'extrémité supérieure de la dynamo touche bien le flanc du pneu lorsqu'elle est en action (figure 51)

■ Certains modèles de dynamo ont la forme d'un rouleau qui s'installe sous la boîte de pédalier et s'appuie sur la chape du pneu.

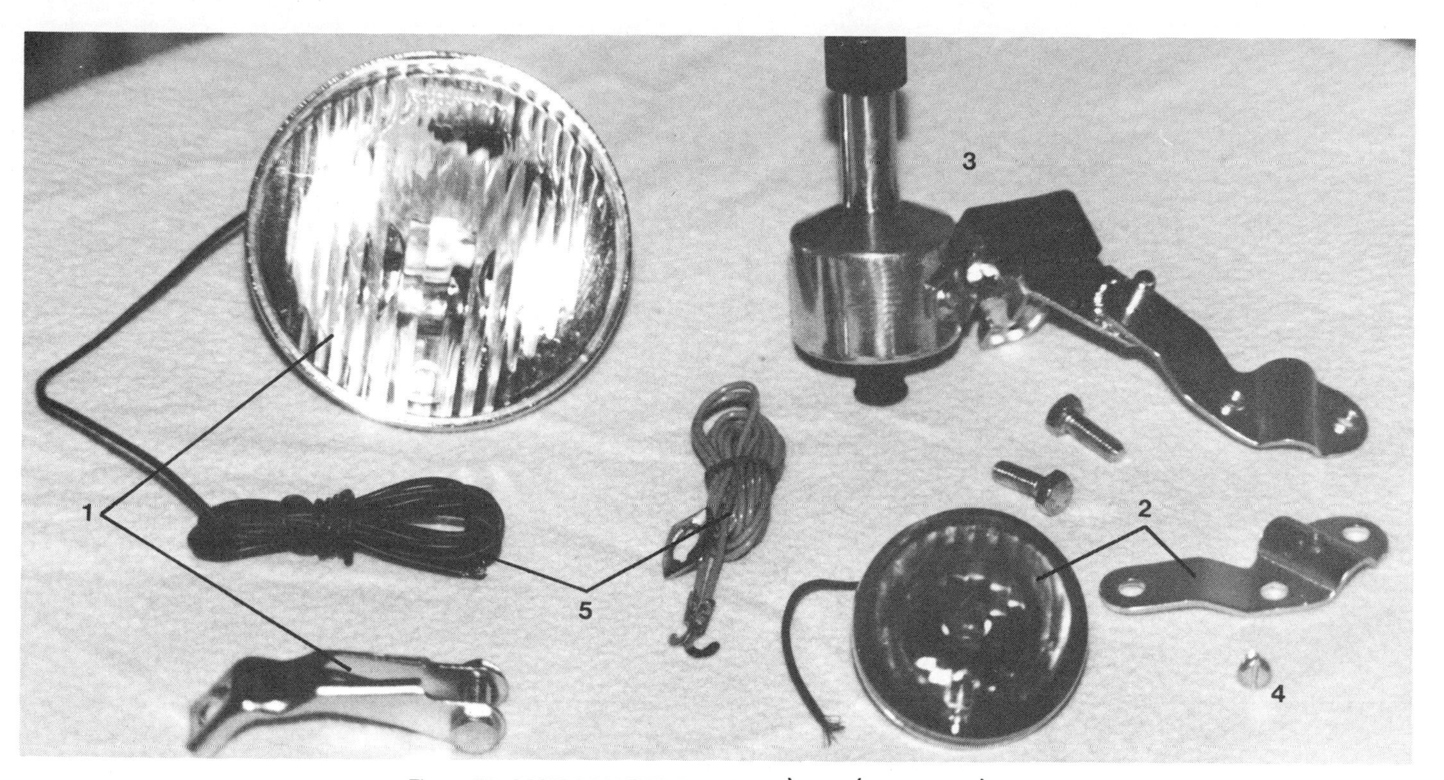

Figure 50: COMPOSANTES D'UN SYSTÈME D'ÉCLAIRAGE À DYNAMO

1. *phare avant avec attache*
2. *phare arrière avec attache*
3. *dynamo en forme de bouteille avec attache*
4. *vis de contact*
5. *fil électrique*

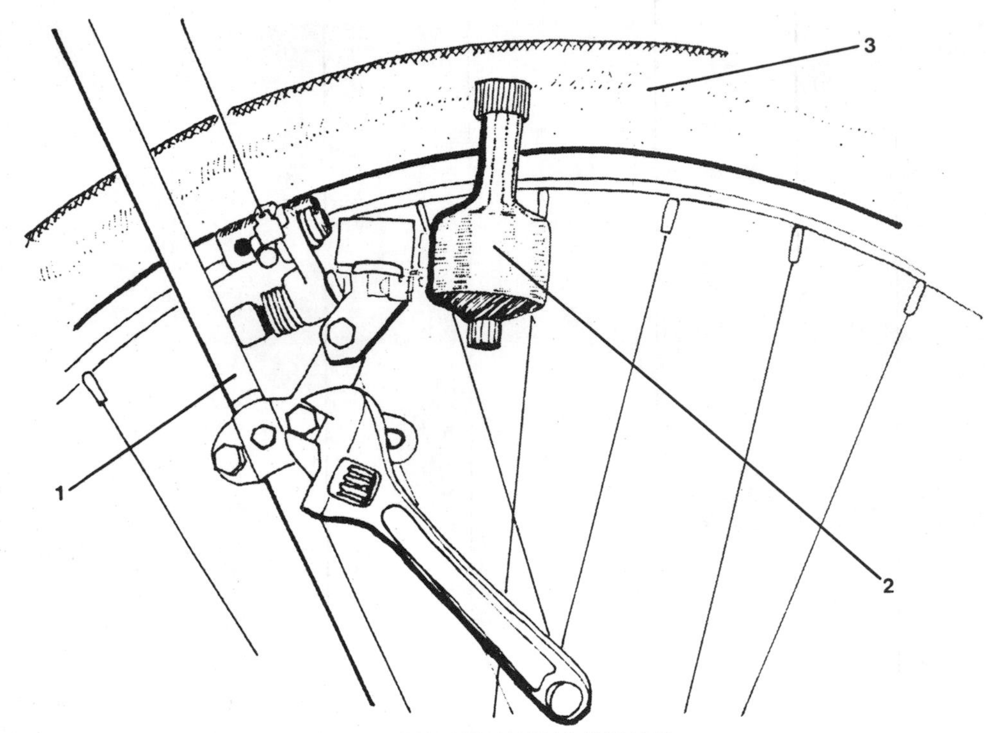

Figure 51: INSTALLATION DE LA DYNAMO

1. hauban
2. dynamo
3. flan de pneu

- Installez le phare avant, au moyen de l'attache métallique, au porte-bagages avant, sur le fourreau de la fourche ou sur le boulon à la jonction du cintre et de la potence.
- Insérez le fil électrique sur le phare avant et faites-le courir le long du cadre jusqu'à la dynamo en l'enroulant le long des tubes. Laissez un certain jeu au fil au niveau du jeu de direction afin de permettre à la roue avant de pivoter.
- Installez le phare arrière sur le porte-bagages arrière (figure 52), sur le hauban ou sur le garde-boue, si possible.
- Insérez le fil dans le phare arrière. Faites courir le fil en l'enroulant le long du porte-bagages arrière jusqu'à la dynamo.
- Le surplus des fils doit être coupé et leurs extrémités dégarnies de la gaine, pour permettre le contact des fils avec la dynamo. Joignez les deux fils de phares et branchez-les sur la dynamo. À noter qu'il doit y avoir contact métal-métal («ground») entre l'attache de la lumière et le porte-bagages. Il faut donc, au besoin, utiliser un petit bout de fil et faire le contact directement si l'attache de phare ne possède pas un orifice pour insérer la vis de contact.
- Il ne reste plus qu'à vérifier tous les contacts et à tourner la manivelle.

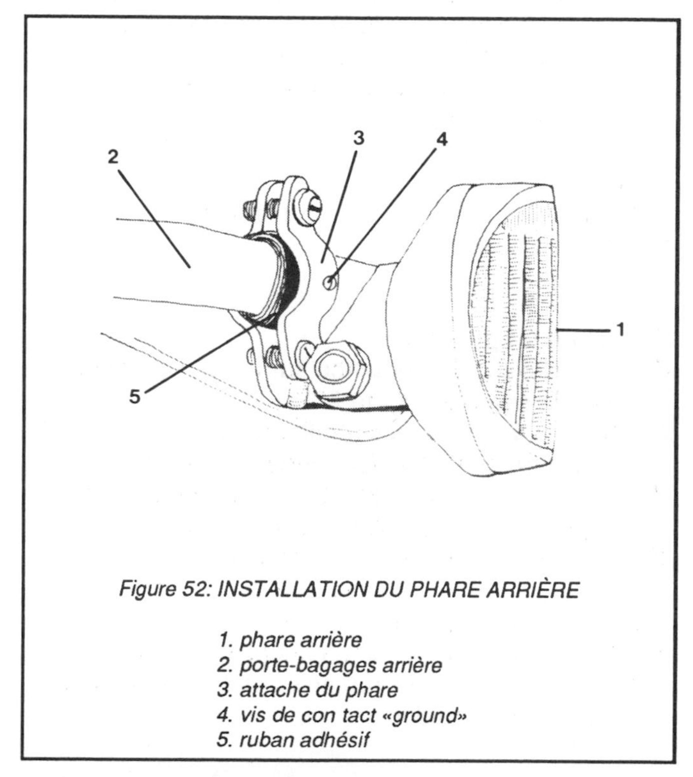

Figure 52: INSTALLATION DU PHARE ARRIÈRE

1. *phare arrière*
2. *porte-bagages arrière*
3. *attache du phare*
4. *vis de con tact «ground»*
5. *ruban adhésif*

4- INSTALLATION DE GUIDOLINE ET DE VÉLOMOUSSE

On trouve deux types de recouvrement des guidons courbés: la guidoline (ruban) et la vélomousse. Le revêtement du guidon est sujet à une usure fréquente. Il doit donc être remplacé tous les deux ou trois ans, selon l'usure.

GUIDOLINE

Il existe plusieurs sortes de rubans: les plus utilisés sont en plastique ou en coton.

Guidoline en plastique

- Son installation commence sur le haut du cintre à 6 cm de la potence (figure 53).
- Enroulez le ruban en direction de la potence sur 2 cm puis revenez vers les manettes de freins.
- Enroulez le ruban en tirant légèrement dessus à chaque tour afin qu'il adhère bien au cintre.
- Contournez la manette une première fois, revenez vers le haut puis enroulez une deuxième fois autour de la manette (figure 54).
- Enroulez le reste du ruban jusqu'au bout du guidon, entourez l'extrémité et placez le reste du ruban dans le guidon.
- Placez le bouchon du guidon pour coincer le ruban. Ce bouchon ne joue pas uniquement un rôle esthétique au bout du cintre, mais bien un rôle protecteur pour fermer un tube, qui, en cas de chute, pourrait vous empaler.

Guidoline en coton

- À l'inverse du ruban en plastique, on commence à enrouler le ruban de coton à partir du bouchon du guidon (figure 55).
- Enroulez l'extrémité puis posez le bouchon du guidon.
- Continuez l'enroulement en tirant légèrement sur le ruban.
- Au niveau de la manette, placez un bout de ruban, préalablement coupé, sous l'enveloppe caoutchoutée des cocottes faisant le tour du cintre (figure 56).
- Continuez l'enroulement en contournant une seule fois la manette. Terminez à 5 cm de la potence et coupez le surplus. Le ruban de coton, légèrement adhésif, devrait rester fixé au cintre à la fin de l'opération.

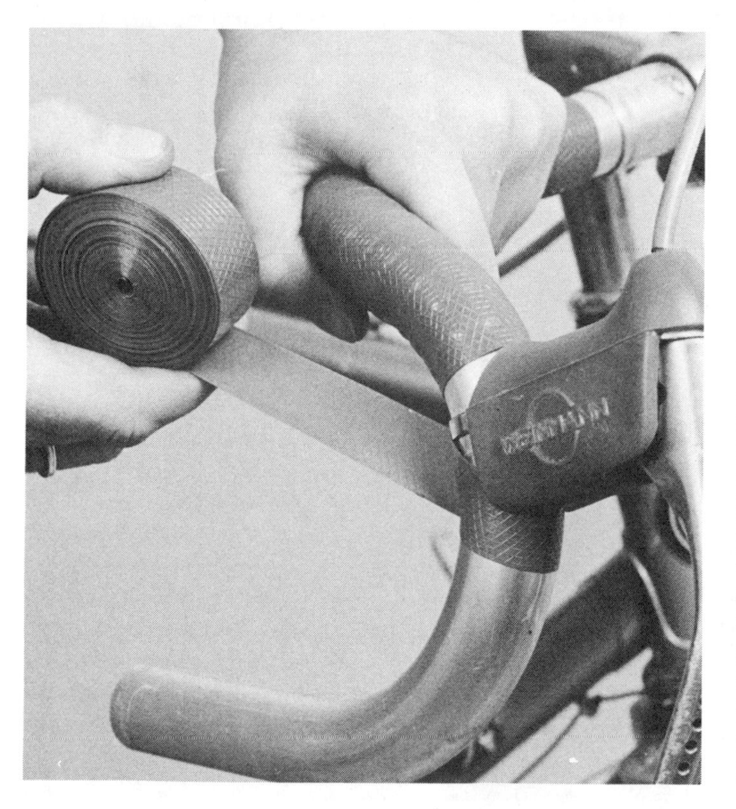

Figure 53: GUIDOLINE EN PLASTIQUE

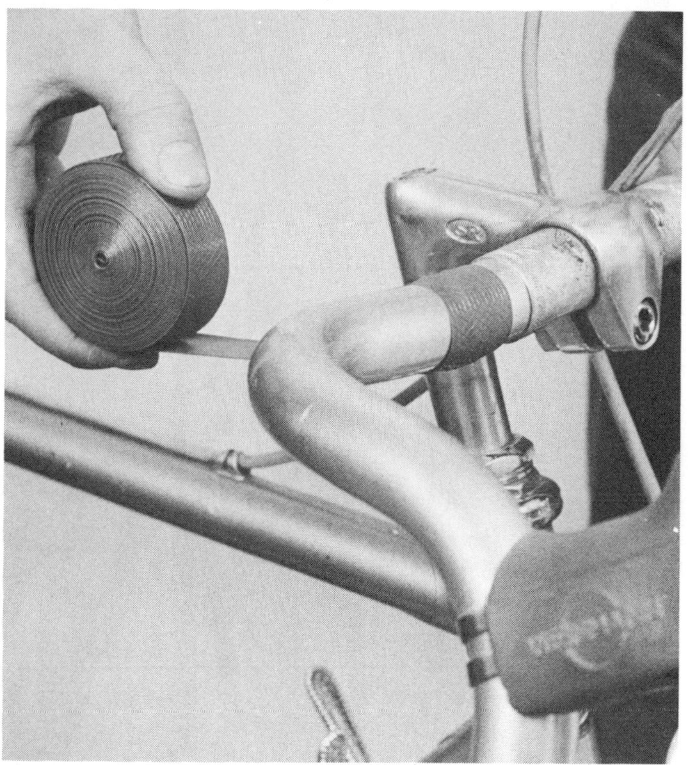

Figure 54: GUIDOLINE EN PLASTIQUE

Figure 55: GUIDOLINE EN COTON

Figure 56: GUIDOLINE EN COTON

VÉLOMOUSSE

- Pour installer la vélomousse, on doit d'abord retirer les manettes de freins du cintre. Pour cela, détendre le câble du frein (déclenche-rapide ou vis d'ajustement) puis dévissez la vis qui retient la manette au cintre. Cette vis, placée derrière le câble de frein (figure 57), dans la manette, est accessible quand on actionne cette dernière.
- Dévissez légèrement puis, lorsque la manette bouge, faites-la glisser le long du cintre pour la sortir.
- Insérez le premier tube de vélomousse à l'aide de poudre pour bébé, ou de savon à vaisselle ou encore de fixatif pour cheveux.
- Insérez la manette de frein et fixez-la à la bonne hauteur (voir «ajustement de base») sur le cintre (figure 58). Rajustez le câble de frein.
- Insérez le deuxième tube de vélomousse puis terminez en insérant le bouchon du guidon (figure 59)
- Si vous désirez protéger votre vélomousse, enroulez du ruban en coton par dessus. Cela nécessite quatre roulettes de ruban.

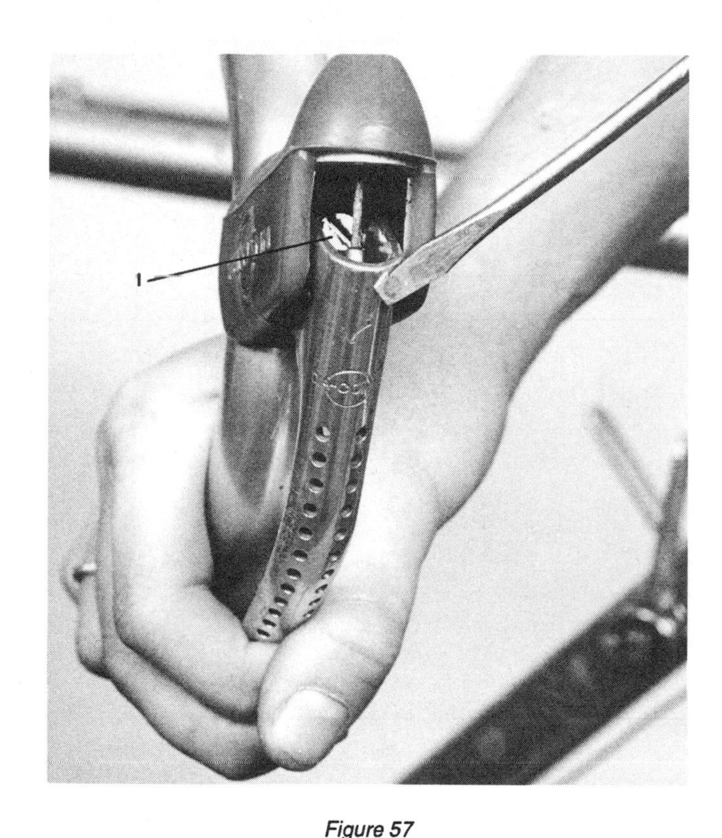

Figure 57

1. vis d'attache

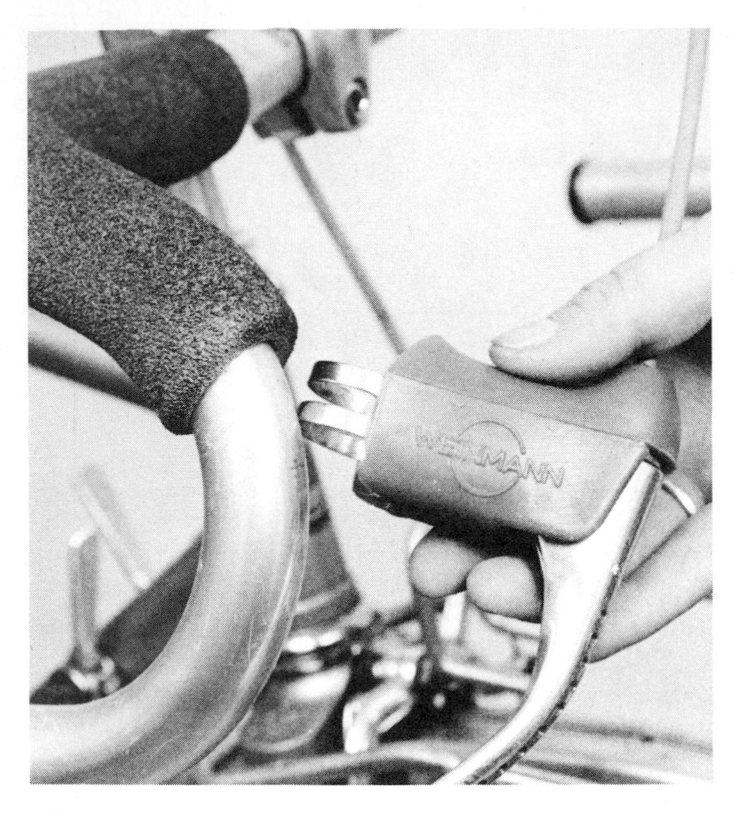

Figure 58: VÉLOMOUSSE

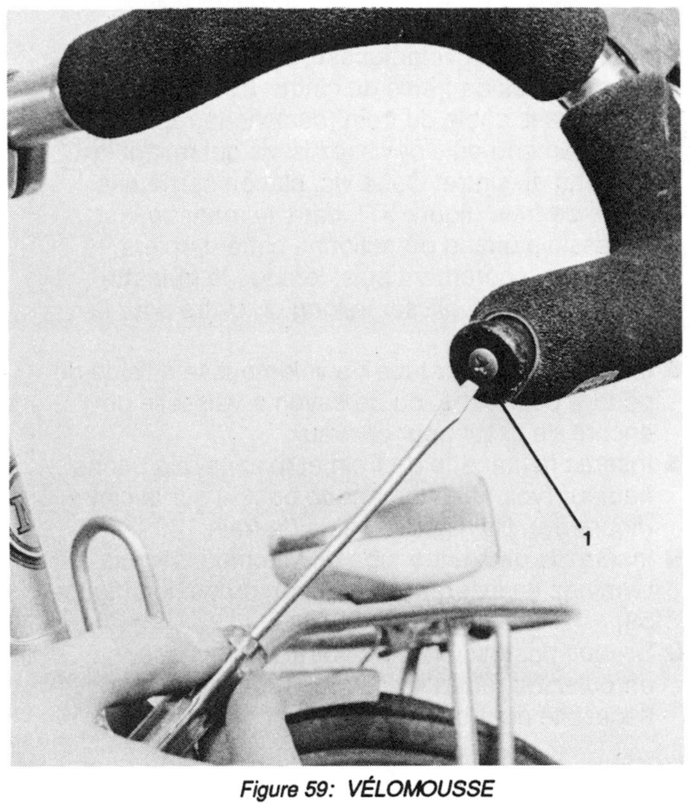

Figure 59: VÉLOMOUSSE

1. bouchon de guidon

5- INSTALLATION D'UN PORTE-BAGAGES

Un bon porte-bagages doit posséder deux ou trois branches de chaque côté pour offrir une rigidité optimale.

- On commence l'installation du porte-bagages près du frein. Selon le modèle, on le fixe sur les haubans, à même le frein ou sur des oeilletons soudés aux haubans prévus à cet effet. Pour les porte-bagages qui s'installent sur les haubans, il existe une plaque en forme de «T» qui empêche le porte-bagages de glisser le long des haubans. Cette plaque s'installe à partir de l'axe de frein, derrière l'entretoise, qui reçoit la partie du porte-bagages qui se fixe aux haubans.
- On place ensuite l'extrémité inférieure des branches sur les oeilletons des pattes prévus à cet effet. Sur certains cadres, on ne retrouve pas d'oeilletons. Il est toujours possible d'installer un collet sur le hauban, pour l'arrière ou sur le fourreau de la fourche à l'avant pour fixer les branches du porte-bagages.

6- INSTALLATION D'UN SIÈGE POUR ENFANT

À l'achat d'un siège pour enfant, vous trouverez un feuillet d'instructions détaillées. Voici toutefois quelques conseils supplémentaires.

- Montez d'abord le siège sur les tiges métalliques, puis installez cette structure sur les haubans. Pour empêcher l'attache métallique de glisser, insérez un morceau de vieille chambre à air entre le hauban et l'attache.
- Installez l'autre extrémité du siège à même la vis du poteau de selle. Remplacez cette vis de poteau par une vis plus longue, généralement incluse avec le siège.
- Si vous possédez une selle à ressorts, n'oubliez pas d'y installer les protecteurs en plastique afin de protéger les doigts de l'enfant.
- Le protège-rayons en plastique est aussi extrêmement important et doit être installé avec soin.
- Fixez l'attache de la ceinture de l'enfant à l'extrémité du siège, derrière son dos, afin qu'il ne puisse la détacher.
- Appliquez un ruban adhésif réfléchissant ou un réflecteur rouge au dos du siège d'enfant pour assurer une sécurité supplémentaire.

- Il est important de respecter la limite de poids prescrite par les fabricants de sièges.

AIDE MÉMOIRE I

Vérifications fréquentes

Composantes	Nettoyer	Lubrifier	Ajuster	Remplacer	Date de la vérification
Pneus - Usure					
- Pression					
Roues - Voilées					
- Bosselées					
Freins - Usure des patins					
- Position des patins					
- Tension des câbles					
Transmission - Roue libre					
- Chaîne					
- Dérailleur avant					
- Dérailleur arrière					
- Tension des câbles					
Sécurité - Réflecteurs					
- Garde-boue (bien fixés)					
- Porte bagages (bien fixés)					

AIDE MÉMOIRE II - PROGRESSION DES DÉVELOPPEMENTS

(découper et coller sur le guidon)

	1	2	3	4	5	6	7	8	9	10	11	12	13	14	15	16	17	18	19	20	21
braquet																					
développement																					

	1	2	3	4	5	6	7	8	9	10	11	12	13	14	15	16	17	18	19	20	21
braquet																					
développement																					

	1	2	3	4	5	6	7	8	9	10	11	12	13	14	15	16	17	18	19	20	21
braquet																					
développement																					

AIDE-MÉMOIRE III

Remiser sa bicyclette

- Remisez le vélo dans un endroit sec.
- Nettoyez les composantes mécaniques et les lubrifier légèrement.
- Suspendre le vélo.
- Protégez le de la poussière.
- Diminuez la pression des pneus (si le vélo est suspendu).
- Positionnez la chaîne (à l'aide des manettes) sur le petit plateau (avant) et sur le petit pignon (arrière). De façon à relâcher la tension sur les dérailleurs.
- Relachez la tension ou niveau des machoires de freins. Utilisez le relacheur de tension, si votre vélo en est pouvu, ou, devissez la vis serre-câble (figure 23).